Estratégia para Escolha de Mix em Lojas de Móveis e Eletrodomésticos
MARCO TÚLIO FREIRE

ÍNDICE

Sumário

SOBRE O AUTOR 4

SOBRE ESTE LIVRO 5

INTRODUÇÃO 6

Capítulo 1: Fundamentos do Mix de Produtos 13

Capítulo 2: Análise do Mercado e Tendências 19

Capítulo 3: Conhecendo o Consumidor 27

Capítulo 4: Seleção do Mix de Produtos 34

Capítulo 5: Fornecedores e Parcerias Estratégicas 40

Capítulo 6: Estratégias de Precificação 47

Capítulo 7: Promoção e Marketing do Mix de Produtos 54

Capítulo 8: Gestão de Estoque e Logística 62

Capítulo 9: Monitoramento e Avaliação do Mix de Produtos 68

Capítulo 10: Inovação e Adaptação 74

Conclusão 80

Estudos de Caso Adicionais 85

Mensagem Final ao Leitor 88

Recursos e Leituras Recomendadas 90

Referências 92

SOBRE O AUTOR

Marco Túlio Freire, é empresário e lojista do setor moveleiro, de colchoaria e de eletrodomésticos, com mais de 20 anos de atuação, através da JAG Móveis, JAG Decorações e JAG Colchões, ex-presidente da Rede Toda Casa e da Rede Brasil Móveis e Eletro. Tem como sua formação acadêmica bacharel em Ciência da Computação pela Universidade Federal de Lavras/UFLA, advogado e bacharel em Direito pelo Centro Universitário de Lavras/UNILAVRAS, MBA em Gestão de Negócios em Comércio e Vendas pela Fundação Getúlio Vargas/FGV, além de diversas especializações menores na área de Administração e Direito. Como advogado tem como foco de trabalho o Direito Empresarial e Planejamento Sucessório, e é sócio da Fávaro & Freire Advogados Associados.

Você pode seguir Marco Túlio Freire nas redes sociais para acompanhar suas próximas obras e ficar por dentro de todas as novidades:

- **Instagram:** @MarcoTulioFreire.adv

Marco Túlio espera que seus leitores encontrem inspiração, em suas obras...

SOBRE ESTE LIVRO

No competitivo mercado de móveis e eletrodomésticos, a escolha estratégica do mix de produtos é crucial para o sucesso e a sustentabilidade de qualquer loja. O livro "Estratégia para Escolha de Mix em Lojas de Móveis e Eletrodomésticos" oferece um guia abrangente e prático para gestores, empreendedores e profissionais do setor, abordando desde os fundamentos teóricos até a aplicação prática das melhores estratégias para a seleção e gestão eficaz do portfólio de produtos.

Este livro é um recurso essencial para quem deseja melhorar a gestão do mix de produtos em lojas de móveis e eletrodomésticos, oferecendo insights valiosos, ferramentas práticas e exemplos reais que facilitarão a implementação das estratégias discutidas. Seja você um gestor experiente ou um empreendedor iniciante, este livro proporcionará o conhecimento e a confiança necessários para elevar seu negócio a novos patamares de sucesso.

INTRODUÇÃO

O mercado de móveis e eletrodomésticos é um dos setores mais dinâmicos e competitivos no cenário do varejo. A escolha estratégica do mix de produtos desempenha um papel crucial para o sucesso de qualquer loja que atua neste segmento. Um mix de produtos bem planejado não apenas atrai uma maior base de clientes, mas também aumenta a satisfação e a fidelização dos consumidores, contribuindo significativamente para a lucratividade e o crescimento do negócio.

Neste livro, abordaremos de forma detalhada as estratégias e práticas essenciais para a escolha e gestão eficaz do mix de produtos em lojas de móveis e eletrodomésticos. Vamos explorar os fundamentos teóricos e práticos que guiam a seleção de um portfólio de produtos diversificado e alinhado com as necessidades do mercado. Também discutiremos como a análise do comportamento do consumidor e a compreensão das tendências de mercado podem influenciar diretamente a decisão sobre quais produtos oferecer.

Além disso, este livro visa equipar gestores e empreendedores com as ferramentas e o conhecimento necessários para tomar decisões informadas e estratégicas. Abordaremos desde os métodos de pesquisa de mercado até as técnicas de negociação com fornecedores, passando por estratégias de precificação, promoção e gestão de estoque.

Ao longo dos capítulos, forneceremos insights práticos, estudos de caso e exemplos reais de empresas bem-sucedidas, para ilustrar como a teoria pode ser aplicada na prática. Nosso objetivo é proporcionar um guia completo e acessível, que possa ser utilizado tanto por iniciantes quanto por profissionais experientes no setor de móveis e eletrodomésticos.

Prepare-se para uma jornada que revelará os segredos por trás de um mix de produtos bem-sucedido, e como ele pode ser a chave para diferenciar sua loja em um mercado competitivo.

***

Importância da Escolha do Mix de Produtos

A escolha do mix de produtos é uma das decisões mais estratégicas que um gestor de loja de móveis e eletrodomésticos pode tomar. Um mix de produtos bem definido é fundamental para atender às expectativas e necessidades dos clientes, diferenciando-se da concorrência e garantindo a sustentabilidade do negócio a longo prazo.

Atração e Retenção de Clientes

Um mix de produtos diversificado e bem equilibrado atrai uma gama mais ampla de consumidores. Oferecer uma variedade de opções permite que os clientes encontrem exatamente o que procuram, aumentando a satisfação e a probabilidade de retorno. Além disso, um mix que inclui produtos inovadores e de alta qualidade pode fidelizar os clientes, criando uma base de consumidores leais que voltam à loja repetidamente.

Maximização da Lucratividade

A escolha acertada do mix de produtos pode maximizar a lucratividade da loja. Produtos com alta margem de lucro, combinados com itens de alta rotatividade, garantem um fluxo constante de receitas. Ao entender as preferências dos consumidores e as tendências do mercado, os gestores podem ajustar o mix para incluir produtos que ofereçam o melhor retorno sobre o investimento.

Eficiência na Gestão de Estoques

Um mix de produtos bem planejado facilita a gestão de estoques, reduzindo os custos associados ao armazenamento e à obsolescência de produtos. A rotação eficiente de estoque é crucial para manter a loja abastecida com os produtos certos, no momento certo, evitando excessos e faltas que podem comprometer a satisfação do cliente e os resultados financeiros.

Adaptabilidade às Tendências de Mercado

O mercado de móveis e eletrodomésticos está em constante evolução, impulsionado por mudanças tecnológicas, preferências dos consumidores e tendências de design. Um mix de produtos flexível e adaptável permite que a loja responda rapidamente a essas mudanças, mantendo-se relevante e competitiva. A capacidade de ajustar o portfólio de produtos em resposta às novas demandas do mercado é essencial para o sucesso contínuo.

Diferenciação da Concorrência

Em um mercado saturado, a diferenciação é crucial. Oferecer um mix de produtos único e cuidadosamente selecionado pode ser um diferencial competitivo significativo. Produtos exclusivos, inovações tecnológicas e opções personalizadas ajudam a loja a se destacar, atraindo consumidores que buscam algo diferente do que é oferecido pelos concorrentes.

Satisfação e Experiência do Cliente

Por fim, um mix de produtos bem planejado contribui para uma experiência de compra positiva. Quando os clientes encontram uma variedade de produtos que atendem às suas necessidades e expectativas, a experiência de compra se torna mais agradável e eficiente. Uma experiência positiva não apenas aumenta a satisfação do cliente, mas também promove recomendações boca a boca e avaliações positivas, impulsionando o crescimento do negócio.

Neste livro, exploraremos detalhadamente cada um desses aspectos, oferecendo insights práticos e estratégias para ajudar você a desenvolver um mix de produtos eficaz e alinhado com os objetivos do seu negócio.

***

Objetivos do Livro

Este livro tem como objetivo principal fornecer um guia abrangente e prático para a escolha estratégica do mix de produtos em lojas de móveis e eletrodomésticos. Para alcançar esse objetivo central, estabelecemos os seguintes objetivos específicos:

1. Prover Conhecimento Teórico e Prático

Queremos oferecer uma base sólida de conhecimento teórico sobre os fundamentos do mix de produtos, combinada com exemplos práticos e estudos de caso do mundo real. Nosso objetivo é que os leitores compreendam não apenas os conceitos, mas também como aplicá-los de maneira eficaz no dia a dia de suas lojas.

2. Desenvolver Habilidades Analíticas

Capacitar os gestores a realizar análises de mercado detalhadas, entender as tendências de consumo e interpretar dados de comportamento do cliente. Com essas habilidades, os leitores poderão tomar decisões informadas sobre quais produtos incluir em seu mix.

3. Ensinar Técnicas de Gestão de Estoques

Abordar as melhores práticas para gestão de estoques, incluindo técnicas de controle e otimização que minimizam custos e melhoram a eficiência operacional. Nosso objetivo é ajudar os gestores a manter um equilíbrio adequado entre oferta e demanda, evitando excessos e faltas de produtos.

4. Fornecer Ferramentas para Negociação com Fornecedores

Oferecer estratégias eficazes para a negociação com fornecedores, incluindo como identificar e selecionar parceiros estratégicos, negociar melhores condições e manter relacionamentos sólidos e mutuamente benéficos.

5. Explorar Estratégias de Precificação e Promoção

Explicar diferentes métodos de precificação e como aplicá-los ao mix de produtos, além de estratégias de promoção que podem aumentar as vendas e a visibilidade dos produtos. O objetivo é maximizar a rentabilidade e atratividade dos produtos oferecidos.

6. Promover a Inovação e Adaptação

Incentivar uma abordagem inovadora e flexível na escolha do mix de produtos, destacando a importância de se adaptar rapidamente às mudanças do mercado e às novas tecnologias. Nosso objetivo é preparar os gestores para enfrentar desafios futuros e se manterem competitivos.

7. Oferecer Recursos Práticos e Modelos Úteis

Fornecer recursos práticos, como planilhas, checklists e modelos que os leitores possam usar em suas próprias lojas. Esses recursos visam facilitar a implementação das estratégias discutidas ao longo do livro.

8. Inspirar através de Estudos de Caso e Exemplos de Sucesso

Compartilhar histórias de sucesso e estudos de caso de lojas que implementaram estratégias eficazes de escolha de mix de produtos. Esses exemplos práticos servirão como inspiração e demonstração de como os conceitos apresentados podem ser aplicados com sucesso.

Com esses objetivos em mente, esperamos que este livro se torne uma ferramenta indispensável para gestores e empreendedores do setor de móveis e eletrodomésticos, ajudando-os a tomar decisões estratégicas que impulsionem o crescimento e a sustentabilidade de seus negócios.

***

Público-Alvo

Este livro foi desenvolvido para atender às necessidades de uma variedade de profissionais que atuam no setor de móveis e eletrodomésticos. Entre os principais públicos-alvo, destacam-se:

1. Gestores de Lojas de Móveis e Eletrodomésticos

Gestores que buscam otimizar a escolha do mix de produtos em suas lojas, melhorar a eficiência operacional e aumentar a rentabilidade. Este livro fornecerá as ferramentas e estratégias necessárias para tomar decisões informadas e eficazes.

2. Empreendedores e Proprietários de Pequenos e Médios Negócios

Empreendedores que desejam abrir ou expandir suas lojas de móveis e eletrodomésticos. O livro oferecerá um guia completo desde a análise de mercado até a implementação de estratégias de marketing e gestão de estoques.

3. Profissionais de Marketing e Vendas

Profissionais que atuam nas áreas de marketing e vendas e que precisam compreender melhor como a escolha do mix de produtos pode impactar suas estratégias de promoção e vendas. Este livro fornecerá insights valiosos para alavancar as vendas e fidelizar clientes.

4. Estudantes e Pesquisadores

Estudantes de administração, marketing, economia e áreas afins, bem como pesquisadores interessados no setor de varejo de móveis e eletrodomésticos, encontrarão neste livro uma fonte rica de informações teóricas e práticas.

5. Consultores e Analistas de Mercado

Consultores que prestam serviços para o setor de varejo e analistas de mercado que precisam entender as dinâmicas do mix de produtos para fornecer recomendações e insights estratégicos aos seus clientes.

***

Com este livro, nosso objetivo é capacitar profissionais e empreendedores do setor de móveis e eletrodomésticos com o conhecimento necessário para tomar decisões estratégicas na escolha do mix de produtos. Abordaremos desde os fundamentos teóricos até a aplicação prática, fornecendo ferramentas e exemplos reais que facilitarão a implementação das estratégias discutidas.

A escolha do mix de produtos é uma decisão complexa e multifacetada, mas com as orientações e insights corretos, é possível transformar essa complexidade em uma vantagem competitiva significativa. Esperamos que este livro se torne uma referência essencial para todos aqueles que buscam melhorar seus negócios e alcançar o sucesso no competitivo mercado de móveis e eletrodomésticos.

Agradecemos por escolher este livro como seu guia e esperamos que você encontre nele as respostas e inspirações necessárias para elevar sua loja a novos patamares de sucesso. Boa leitura e boas estratégias!

Capítulo 1: Fundamentos do Mix de Produtos

Definição de Mix de Produtos

O mix de produtos, também conhecido como portfólio de produtos, é o conjunto completo de itens que uma empresa oferece ao mercado. Em uma loja de móveis e eletrodomésticos, o mix de produtos abrange todas as categorias e variedades de móveis, eletrodomésticos e acessórios disponíveis para os consumidores. O mix de produtos é um dos principais fatores que determinam a atratividade de uma loja para os clientes e, portanto, desempenha um papel crucial no sucesso do negócio.

A gestão eficaz do mix de produtos envolve a seleção cuidadosa dos itens que serão oferecidos, levando em consideração fatores como demanda do consumidor, tendências de mercado, concorrência, custos e margens de lucro. Um mix de produtos bem equilibrado deve atender às necessidades e expectativas dos clientes, ao mesmo tempo em que maximiza a rentabilidade da loja.

Componentes do Mix de Produtos

O mix de produtos pode ser dividido em quatro componentes principais: variedade, profundidade, extensão e consistência.

1. Variedade

A variedade refere-se ao número de diferentes categorias de produtos que uma loja oferece. Em uma loja de móveis e eletrodomésticos, isso pode incluir categorias como sofás, camas, mesas, cadeiras, geladeiras, fogões, máquinas de lavar, entre outros. A variedade do mix de produtos é crucial para atrair um público amplo e diversificado, oferecendo múltiplas opções que atendam às diferentes preferências e necessidades dos consumidores.

Importância da Variedade:

Atração de Clientes: Uma variedade ampla de categorias de produtos atrai diferentes tipos de clientes, aumentando o tráfego na loja.

Satisfação do Cliente: Oferecer uma ampla variedade permite que os clientes encontrem tudo o que precisam em um só lugar, aumentando a satisfação e a probabilidade de retorno.

Competitividade: Uma variedade diversificada ajuda a loja a se diferenciar da concorrência, oferecendo produtos que outras lojas podem não ter.

2. Profundidade

A profundidade do mix de produtos diz respeito ao número de variantes que uma loja oferece dentro de cada categoria de produto. Por exemplo, em uma categoria como sofás, a profundidade incluiria diferentes estilos, tamanhos, cores e materiais. Uma maior profundidade permite que a loja atenda a preferências específicas dos clientes, proporcionando opções personalizadas e adaptadas às suas necessidades individuais.

Importância da Profundidade:

Personalização: Uma maior profundidade permite que os clientes personalizem suas escolhas de acordo com suas preferências e necessidades específicas.

Satisfação do Cliente: Oferecer múltiplas variantes dentro de cada categoria aumenta a probabilidade de os clientes encontrarem exatamente o que estão procurando.

Fidelização: Clientes satisfeitos com a diversidade de opções são mais propensos a retornar e a se tornarem fiéis à loja.

3. Extensão

A extensão do mix de produtos é a quantidade total de itens individuais que a loja oferece em todas as categorias. Em outras palavras, é a soma de todos os produtos disponíveis no portfólio da loja. Uma extensão bem gerida garante que a loja tenha uma oferta ampla e abrangente, capaz de atender a diversas demandas e de se adaptar às mudanças no mercado e nas preferências dos consumidores.

Importância da Extensão:

Cobertura de Mercado: Uma extensão ampla permite que a loja cubra uma maior parcela do mercado, atendendo a um número maior de clientes.

Diversificação de Risco: Uma variedade ampla de produtos pode ajudar a mitigar riscos associados a flutuações na demanda de produtos específicos.

Aumento de Vendas: Um maior número de produtos aumenta as oportunidades de vendas cruzadas e de vendas adicionais.

4. Consistência

A consistência do mix de produtos refere-se ao grau de relação e complementaridade entre as diferentes linhas de produtos oferecidas pela loja. Em uma loja de móveis e eletrodomésticos, uma alta consistência significa que os produtos são complementares e coesos, facilitando a criação de ambientes completos e harmoniosos para os clientes. A consistência é importante para criar uma identidade de marca forte e coerente, além de melhorar a experiência de compra do cliente.

Importância da Consistência:

Identidade de Marca: Uma oferta consistente de produtos ajuda a construir uma identidade de marca clara e reconhecível.

Experiência de Compra: Produtos que se complementam facilitam a criação de ambientes completos, tornando a experiência de compra mais agradável para o cliente.

Eficiência Operacional: Uma maior consistência no mix de produtos pode levar a uma melhor gestão de estoque e logística, reduzindo custos e aumentando a eficiência.

Importância Estratégica do Mix de Produtos para Lojas de Móveis e Eletrodomésticos

A escolha estratégica do mix de produtos é fundamental para o sucesso de uma loja de móveis e eletrodomésticos. Uma gestão eficaz do portfólio de produtos pode trazer diversos benefícios estratégicos, incluindo:

1. Atração e Retenção de Clientes

Um mix de produtos diversificado e bem equilibrado atrai uma ampla gama de consumidores e aumenta a satisfação do cliente. Oferecer uma variedade de opções permite que os clientes encontrem exatamente o que procuram, aumentando a probabilidade de retorno e fidelização. Clientes satisfeitos são mais propensos a recomendar a loja para amigos e familiares, gerando um efeito de marketing boca a boca positivo.

2. Diferenciação Competitiva

Em um mercado saturado, a diferenciação é crucial. Um mix de produtos único e cuidadosamente selecionado pode ser um diferencial competitivo significativo. Produtos exclusivos, inovações tecnológicas e opções personalizadas ajudam a loja a se destacar da concorrência. A diferenciação pode ser alcançada através da oferta de produtos de alta qualidade, designs inovadores, soluções sustentáveis ou serviços adicionais, como personalização e consultoria de design.

3. Maximização da Lucratividade

A escolha acertada do mix de produtos pode maximizar a rentabilidade da loja. Produtos com alta margem de lucro, combinados com itens de alta rotatividade, garantem um fluxo constante de receitas. Entender as preferências dos consumidores e as tendências do mercado permite ajustar o mix para incluir produtos que ofereçam o melhor retorno sobre o investimento. A análise regular do desempenho de vendas e da rentabilidade dos produtos ajuda a identificar oportunidades para otimização do mix.

4. Eficiência na Gestão de Estoques

Um mix de produtos bem planejado facilita a gestão de estoques, reduzindo os custos associados ao armazenamento e à obsolescência de produtos. A rotação eficiente de estoque é crucial para manter a loja abastecida com os produtos certos, no momento certo, evitando excessos e faltas que podem comprometer a satisfação do cliente e os resultados financeiros. A implementação de sistemas de gestão de inventário e técnicas de previsão de demanda contribuem para a eficiência operacional.

5. Adaptação às Tendências de Mercado

O mercado de móveis e eletrodomésticos está em constante evolução, impulsionado por mudanças tecnológicas, preferências dos consumidores e tendências de design. Um mix de produtos flexível e adaptável permite que a loja responda rapidamente a essas mudanças, mantendo-se relevante e competitiva. A capacidade de identificar e responder rapidamente a novas tendências e inovações pode proporcionar uma vantagem competitiva significativa.

6. Satisfação e Experiência do Cliente

Um mix de produtos bem planejado contribui para uma experiência de compra positiva. Quando os clientes encontram uma variedade de produtos que atendem às suas necessidades e expectativas, a experiência de compra se torna mais agradável e eficiente. Uma experiência positiva não apenas aumenta a satisfação do cliente, mas também promove recomendações boca a boca e avaliações positivas, impulsionando o crescimento do negócio. A criação de ambientes de loja inspiradores e a oferta de serviços de valor agregado, como consultoria de design e entrega personalizada, podem melhorar ainda mais a experiência do cliente.

***

A compreensão dos fundamentos do mix de produtos é o primeiro passo para desenvolver uma estratégia eficaz e bem-sucedida. Nos próximos capítulos, exploraremos como aplicar esses conceitos na prática, analisando o mercado, entendendo o consumidor e selecionando o mix de produtos ideal para sua loja de móveis e eletrodomésticos. A aplicação estratégica desses conhecimentos pode transformar a gestão do mix de produtos em uma poderosa ferramenta para o crescimento e a sustentabilidade do negócio.

Capítulo 2: Análise do Mercado e Tendências

Pesquisa de Mercado: Métodos e Ferramentas

A pesquisa de mercado é um processo essencial para entender o ambiente em que a loja de móveis e eletrodomésticos opera. Uma pesquisa bem conduzida fornece informações valiosas sobre o comportamento do consumidor, as tendências de mercado e a posição da loja em relação à concorrência. Existem vários métodos e ferramentas que podem ser utilizados para realizar uma pesquisa de mercado eficaz.

1. Métodos de Pesquisa de Mercado

Pesquisa Primária:

Entrevistas: Conversas diretas com consumidores para obter insights detalhados sobre suas preferências, necessidades e expectativas. Podem ser realizadas pessoalmente, por telefone ou online.

Pesquisas e Questionários: Ferramentas que coletam dados quantitativos e qualitativos de um grande número de pessoas. Podem ser distribuídos online, por e-mail ou em pontos de venda.

Grupos Focais: Reuniões moderadas com pequenos grupos de consumidores para discutir percepções e opiniões sobre produtos e serviços. Fornecem insights profundos e qualitativos.

Observação: Técnica que envolve observar diretamente o comportamento dos consumidores em lojas físicas ou online. Pode revelar padrões de compra e preferências não expressas verbalmente.

Pesquisa Secundária:

Relatórios de Mercado: Estudos publicados por empresas de pesquisa de mercado que oferecem uma visão abrangente do setor, incluindo dados sobre tendências, concorrência e comportamento do consumidor.

Estatísticas Governamentais: Dados fornecidos por agências governamentais sobre demografia, economia e consumo que podem ser úteis para entender o mercado local.

Artigos e Publicações Setoriais: Fontes como revistas especializadas, blogs e sites de notícias que frequentemente publicam análises e tendências do setor de móveis e eletrodomésticos.

2. Ferramentas de Pesquisa de Mercado

Ferramentas Online:

Google Trends: Ferramenta gratuita que permite analisar a popularidade de termos de pesquisa ao longo do tempo, fornecendo insights sobre tendências de interesse (Google Trends).

SurveyMonkey: Plataforma online para criar e distribuir questionários e coletar respostas de forma eficiente (Crie pesquisas e questionários online | SurveyMonkey).

Social Media Analytics: Ferramentas como Facebook Insights e Instagram Analytics que permitem analisar o engajamento e as preferências dos consumidores nas redes sociais.

Software de Análise de Dados:

Excel: Amplamente utilizado para organizar e analisar dados de pesquisa de mercado, permitindo a criação de gráficos e tabelas para visualização de dados.

SPSS: Software avançado de análise estatística que facilita a análise de dados complexos e a extração de insights significativos.

Tableau: Ferramenta de visualização de dados que permite criar dashboards interativos e visualizar padrões e tendências de maneira intuitiva.

Análise de Concorrentes

A análise de concorrentes é um componente crítico da pesquisa de mercado, pois permite que a loja entenda sua posição no mercado e identifique oportunidades e ameaças. A análise deve abranger tanto concorrentes diretos quanto indiretos.

1. Identificação de Concorrentes:

Concorrentes Diretos: Lojas que oferecem produtos similares aos seus e competem pelo mesmo público-alvo.

Concorrentes Indiretos: Lojas que oferecem produtos diferentes, mas que podem atender às mesmas necessidades dos consumidores. Por exemplo, lojas de decoração que vendem acessórios complementares a móveis e eletrodomésticos.

2. Métodos de Análise de Concorrentes:

Análise SWOT (Strengths, Weaknesses, Opportunities, Threats):

Forças: Identificar os pontos fortes dos concorrentes, como uma forte marca, boa localização, preços competitivos ou uma ampla variedade de produtos.

Fraquezas: Identificar as áreas onde os concorrentes têm deficiências, como atendimento ao cliente, qualidade dos produtos ou falta de inovação.

Oportunidades: Identificar áreas do mercado que ainda não foram exploradas pelos concorrentes ou onde há demanda não atendida.

Ameaças: Identificar os fatores externos que podem representar riscos para a sua loja, como novas entradas no mercado, mudanças nas preferências dos consumidores ou políticas governamentais.

Análise de Benchmarking:

Comparar o desempenho da sua loja com o dos principais concorrentes em áreas como vendas, participação de mercado, satisfação do cliente e eficiência operacional. Identificar as melhores práticas que podem ser adotadas ou adaptadas para melhorar o desempenho da sua loja.

3. Ferramentas de Análise de Concorrentes:

Análise de Site e SEO:

Ferramentas como SEMrush, Ahrefs e SimilarWeb permitem analisar o tráfego do site dos concorrentes, as palavras-chave que eles estão alvejando e suas estratégias de SEO. Isso fornece insights sobre como melhorar a presença online da sua loja.

Social Media Monitoring:

Ferramentas como Hootsuite, Brandwatch e Sprout Social permitem monitorar as atividades dos concorrentes nas redes sociais, incluindo campanhas, engajamento e feedback dos clientes. Isso ajuda a entender as estratégias de marketing digital dos concorrentes.

Análise de Produtos e Preços:

Visitar as lojas físicas e online dos concorrentes para avaliar a variedade, qualidade e preços dos produtos oferecidos. Isso ajuda a ajustar o mix de produtos e as estratégias de precificação da sua loja.

Identificação e Análise de Tendências de Consumo

Entender as tendências de consumo é crucial para manter a relevância da sua loja e antecipar as necessidades dos clientes. A identificação e análise de tendências ajudam a ajustar o mix de produtos, estratégias de marketing e operações da loja.

1. Métodos para Identificação de Tendências:

Pesquisa de Mercado:

Utilizar pesquisas e questionários para obter feedback dos clientes sobre suas preferências e expectativas futuras. Analisar relatórios de mercado e estudos setoriais para identificar padrões emergentes.

Monitoramento de Redes Sociais:

Acompanhar discussões, hashtags e influenciadores nas redes sociais para identificar tendências emergentes e mudanças nas preferências dos consumidores.

Análise de Dados de Vendas:

Analisar os dados de vendas históricas para identificar padrões e mudanças nas preferências dos clientes. Utilizar ferramentas de análise preditiva para antecipar tendências futuras.

2. Análise de Tendências:

Tendências Tecnológicas:

Identificar inovações tecnológicas que podem impactar o setor de móveis e eletrodomésticos, como a automação doméstica, móveis inteligentes e eletrodomésticos conectados.

Tendências de Design e Estilo:

Monitorar as tendências de design de interiores e estilos de decoração que estão em alta. Isso inclui cores, materiais, formas e funcionalidades que estão ganhando popularidade.

Tendências de Consumo Sustentável:

Identificar a crescente demanda por produtos sustentáveis e ecologicamente corretos. Isso inclui móveis feitos com materiais reciclados, eletrodomésticos com eficiência energética e práticas de produção sustentáveis.

3. Aplicação de Tendências:

Ajuste do Mix de Produtos:

Incorporar produtos que atendam às tendências identificadas, garantindo que o portfólio da loja esteja alinhado com as expectativas e preferências dos clientes.

Campanhas de Marketing:

Desenvolver campanhas de marketing que destacam as tendências emergentes e posicionam a loja como inovadora e em sintonia com as necessidades dos consumidores.

Inovação e Desenvolvimento de Produtos:

Investir em pesquisa e desenvolvimento para criar produtos inovadores que atendam às novas demandas do mercado.

Adaptação às Mudanças do Mercado

A capacidade de adaptação é essencial para a sobrevivência e crescimento de uma loja de móveis e eletrodomésticos. As mudanças no mercado podem ser rápidas e imprevisíveis, e a adaptação estratégica permite que a loja mantenha sua relevância e competitividade.

1. Monitoramento Contínuo:

Análise Regular de Dados:

Implementar sistemas de monitoramento contínuo para coletar e analisar dados de mercado, vendas e comportamento do consumidor. Isso permite identificar mudanças e reagir rapidamente a novas oportunidades e ameaças.

Feedback do Cliente:

Estabelecer canais de comunicação eficazes para coletar feedback dos clientes em tempo real. Isso pode incluir pesquisas de satisfação, avaliações online e interações nas redes sociais.

2. Flexibilidade Operacional:

Gestão Ágil de Estoques:

Implementar práticas de gestão de estoques que permitem ajustes rápidos às mudanças na demanda. Isso pode incluir sistemas de reabastecimento automatizados e parcerias com fornecedores flexíveis.

Diversificação de Fornecedores:

Manter uma rede diversificada de fornecedores para garantir a continuidade do abastecimento e a capacidade de responder a mudanças no mercado e na demanda dos clientes.

3. Inovação Contínua:

Cultura de Inovação:

Fomentar uma cultura de inovação dentro da loja, incentivando a equipe a propor novas ideias e soluções. Investir em treinamento e desenvolvimento para manter a equipe atualizada com as últimas tendências e tecnologias.

Parcerias Estratégicas:

Estabelecer parcerias estratégicas com outras empresas e startups para explorar novas oportunidades de mercado e desenvolver produtos inovadores.

4. Planejamento Estratégico:

Revisão Regular de Estratégias:

Realizar revisões regulares das estratégias de negócios para garantir que estejam alinhadas com as mudanças do mercado. Isso inclui ajustes no mix de produtos, estratégias de marketing e operações.

Planejamento de Contingência:

Desenvolver planos de contingência para lidar com possíveis crises e mudanças repentinas no mercado. Isso inclui a preparação para interrupções na cadeia de suprimentos, mudanças nas regulamentações e flutuações na demanda dos consumidores.

***

A análise do mercado e das tendências é um processo contínuo e dinâmico que exige atenção constante e uma abordagem proativa. Nos próximos capítulos, exploraremos como aplicar os insights obtidos através dessas análises na seleção do mix de produtos, estratégias de precificação, promoção e gestão de estoques, garantindo que a sua loja de móveis e eletrodomésticos esteja sempre à frente da concorrência e preparada para atender às necessidades dos consumidores.

Capítulo 3: Conhecendo o Consumidor

Segmentação de Mercado

A segmentação de mercado é o processo de dividir um mercado em grupos distintos de consumidores com características e necessidades semelhantes. Isso permite que a loja de móveis e eletrodomésticos direcione suas estratégias de marketing e mix de produtos de maneira mais eficaz, atendendo melhor às demandas específicas de cada segmento.

1. Tipos de Segmentação de Mercado

Segmentação Demográfica:

Dividir o mercado com base em características demográficas como idade, gênero, renda, educação, ocupação e tamanho da família. Por exemplo, jovens adultos podem preferir móveis modernos e compactos, enquanto famílias maiores podem buscar móveis mais funcionais e espaçosos.

Segmentação Geográfica:

Dividir o mercado com base na localização geográfica dos consumidores. Isso pode incluir país, região, cidade ou bairro. A localização pode influenciar as preferências de estilo, materiais e até mesmo a demanda por determinados tipos de eletrodomésticos devido a fatores climáticos.

Segmentação Psicográfica:

Dividir o mercado com base em características psicográficas, como estilo de vida, personalidade, valores e interesses. Por exemplo, consumidores com um estilo de vida sustentável podem preferir móveis ecológicos e eletrodomésticos de alta eficiência energética.

Segmentação Comportamental:

Dividir o mercado com base no comportamento de compra dos consumidores, como a frequência de compra, lealdade à marca, benefícios desejados e prontidão para a compra. Consumidores que frequentemente atualizam seus eletrodomésticos podem estar mais inclinados a procurar as últimas inovações tecnológicas.

2. Benefícios da Segmentação de Mercado

Precisão no Marketing:

Permite que a loja desenvolva campanhas de marketing direcionadas que ressoem com as necessidades e desejos específicos de cada segmento de consumidores.

Melhor Alocação de Recursos:

Facilita a alocação eficiente de recursos de marketing e vendas, concentrando os esforços nos segmentos mais lucrativos e com maior potencial de crescimento.

Personalização da Experiência de Compra:

Permite a personalização da experiência de compra, oferecendo produtos e serviços que atendam melhor às expectativas dos diferentes segmentos de clientes.

Aumento da Satisfação e Fidelização:

Atender às necessidades específicas de cada segmento de mercado aumenta a satisfação do cliente e promove a fidelização.

Perfil do Consumidor de Móveis e Eletrodomésticos

Entender o perfil do consumidor é essencial para desenvolver estratégias eficazes de mix de produtos e marketing. O perfil do consumidor de móveis e eletrodomésticos pode variar amplamente, mas existem algumas características comuns que podem ser identificadas.

1. Características Demográficas:

Idade:

Consumidores de diferentes faixas etárias têm necessidades e preferências distintas. Jovens adultos podem buscar móveis modernos e acessíveis, enquanto consumidores mais velhos podem preferir móveis clássicos e duráveis.

Renda:

A renda influencia significativamente as escolhas de compra. Consumidores de alta renda podem estar dispostos a investir em móveis de design e eletrodomésticos premium, enquanto consumidores de renda média ou baixa podem buscar produtos funcionais e acessíveis.

Estrutura Familiar:

A composição da família também impacta as escolhas de móveis e eletrodomésticos. Famílias maiores podem precisar de móveis maiores e mais funcionais, enquanto solteiros ou casais sem filhos podem preferir móveis compactos e estilosos.

2. Características Psicográficas:

Estilo de Vida:

O estilo de vida dos consumidores influencia suas preferências de compra. Por exemplo, pessoas com um estilo de vida ativo e social podem valorizar móveis que facilitem o entretenimento, enquanto pessoas que trabalham em casa podem priorizar móveis de escritório confortáveis e funcionais.

Valores e Atitudes:

Valores como sustentabilidade, inovação e conforto podem influenciar as escolhas de móveis e eletrodomésticos. Consumidores preocupados com o meio ambiente podem preferir produtos ecológicos e eficientes energeticamente.

Interesses e Hobbies:

Os interesses e hobbies dos consumidores também podem impactar suas escolhas. Por exemplo, amantes de tecnologia podem estar interessados em eletrodomésticos inteligentes e conectados, enquanto entusiastas de design podem buscar móveis de designers renomados.

Comportamento de Compra e Fatores Influenciadores

O comportamento de compra dos consumidores é influenciado por uma variedade de fatores que vão além das características demográficas e psicográficas. Entender esses fatores é crucial para desenvolver estratégias de marketing e mix de produtos eficazes.

1. Fatores Influenciadores do Comportamento de Compra:

Fatores Culturais:

A cultura e os valores sociais dos consumidores influenciam suas escolhas de compra. Diferentes culturas podem ter preferências distintas em relação ao estilo, cores e materiais de móveis e eletrodomésticos.

Fatores Sociais:

Grupos sociais, como família, amigos e colegas, podem influenciar significativamente as decisões de compra. Recomendações de amigos e familiares, bem como tendências observadas em círculos sociais, podem impactar a escolha de produtos.

Fatores Pessoais:

Fatores individuais, como estilo de vida, ocupação e situação econômica, desempenham um papel importante nas decisões de compra. Por exemplo, um profissional que trabalha em casa pode investir em uma cadeira ergonômica de alta qualidade.

Fatores Psicológicos:

Motivações, percepções, atitudes e crenças dos consumidores influenciam suas escolhas de compra. Por exemplo, a percepção de que um produto é de alta qualidade ou oferece um bom custo-benefício pode influenciar a decisão de compra.

2. Processo de Decisão de Compra:

Reconhecimento da Necessidade:

O processo de compra começa quando o consumidor reconhece uma necessidade ou problema que precisa ser resolvido. Por exemplo, a necessidade de substituir um eletrodoméstico quebrado ou atualizar a decoração da sala de estar.

Busca de Informação:

Após reconhecer a necessidade, o consumidor busca informações sobre possíveis soluções. Isso pode incluir a pesquisa online, consulta a amigos e familiares, e visitas a lojas físicas.

Avaliação das Alternativas:

O consumidor avalia as diferentes opções disponíveis com base em critérios como preço, qualidade, funcionalidade e design. A avaliação pode ser influenciada por avaliações de produtos, demonstrações em lojas e recomendações.

Decisão de Compra:

Depois de avaliar as alternativas, o consumidor toma a decisão de compra. Fatores como promoções, políticas de devolução e atendimento ao cliente podem influenciar a decisão final.

Comportamento Pós-Compra:

Após a compra, o consumidor avalia sua satisfação com o produto e o serviço. A satisfação pode levar à fidelização e recomendações, enquanto a insatisfação pode resultar em devoluções e críticas negativas.

Métodos para Entender as Necessidades e Preferências do Cliente

Para desenvolver um mix de produtos que atenda às necessidades e preferências dos clientes, é essencial utilizar métodos eficazes para coletar e analisar informações sobre os consumidores.

1. Pesquisa de Satisfação do Cliente:

Aplicar questionários e pesquisas de satisfação para coletar feedback dos clientes sobre suas experiências de compra. Perguntas sobre qualidade do produto, atendimento ao cliente e sugestões de melhorias podem fornecer insights valiosos.

2. Análise de Dados de Vendas:

Analisar os dados de vendas para identificar padrões de compra e preferências dos clientes. Informações sobre os produtos mais vendidos, sazonalidade e comportamento de compra repetida podem ajudar a ajustar o mix de produtos.

3. Feedback nas Redes Sociais:

Monitorar as redes sociais para coletar feedback espontâneo dos clientes sobre produtos e serviços. As interações nas redes sociais podem revelar tendências emergentes e áreas de melhoria.

4. Grupos Focais e Entrevistas:

Realizar grupos focais e entrevistas com clientes para obter insights profundos sobre suas necessidades e preferências. Esses métodos qualitativos permitem uma compreensão detalhada das expectativas dos clientes.

5. Análise de Competência:

Estudar as práticas e estratégias dos concorrentes para identificar oportunidades de diferenciação. A análise de competência pode revelar lacunas no mercado que sua loja pode explorar.

6. Ferramentas de Análise de Dados:

Utilizar ferramentas de análise de dados, como Google Analytics e CRM (Customer Relationship Management), para rastrear o comportamento dos clientes e personalizar as ofertas de produtos.

7. Testes de Produtos:

Realizar testes de produtos com um grupo seleto de clientes antes do lançamento oficial. Isso permite coletar feedback direto sobre novos produtos e fazer ajustes conforme necessário.

***

Conhecer o consumidor é uma tarefa contínua que exige atenção e adaptação constantes. Nos próximos capítulos, discutiremos como aplicar esse conhecimento na seleção do mix de produtos, estratégias de precificação, promoções e gestão de estoques, garantindo que sua loja de móveis e eletrodomésticos esteja sempre alinhada com as necessidades e expectativas dos consumidores.

Capítulo 4: Seleção do Mix de Produtos

Critérios para Escolha de Produtos

A seleção do mix de produtos é um processo complexo que exige a consideração de vários critérios para garantir que os itens oferecidos atendam às necessidades dos clientes e contribuam para a rentabilidade da loja. Abaixo estão alguns dos principais critérios a serem considerados:

1. Demanda do Consumidor:

- *Pesquisa de Mercado*: Utilizar pesquisas de mercado para entender as preferências e necessidades dos consumidores. Isso pode incluir questionários, entrevistas e análises de dados de vendas anteriores.
- *Feedback do Cliente*: Coletar feedback direto dos clientes sobre os produtos que eles gostariam de ver na loja. Isso pode ser feito através de pesquisas de satisfação, comentários em redes sociais e interações em pontos de venda.

2. Tendências de Mercado:

- *Monitoramento de Tendências*: Acompanhar as tendências de design, tecnologia e estilo de vida que influenciam o setor de móveis e eletrodomésticos. Isso inclui participar de feiras, ler publicações especializadas e seguir influenciadores do setor.
- *Adaptação Rápida*: Estar preparado para ajustar o mix de produtos rapidamente em resposta a novas tendências, garantindo que a loja permaneça relevante e competitiva.

3. Qualidade e Durabilidade:

- *Avaliação de Produtos*: Selecionar produtos que sejam conhecidos por sua qualidade e durabilidade. Isso inclui verificar as especificações dos produtos, ler avaliações e realizar testes de qualidade quando possível.

- *Garantia e Suporte*: Oferecer produtos com boas garantias e suporte pós-venda pode aumentar a confiança dos consumidores e reduzir problemas futuros.

4. Preço e Acessibilidade:

- *Estratégia de Preços*: Desenvolver uma estratégia de preços que atenda a diferentes segmentos de mercado. Isso pode incluir uma gama de produtos que variam de itens econômicos a premium.
- *Comparação com Concorrentes*: Analisar os preços praticados pelos concorrentes para garantir que a loja permaneça competitiva.

5. Exclusividade e Diferenciação:

- *Produtos Exclusivos*: Incluir produtos exclusivos que não estão disponíveis em outras lojas pode atrair clientes que buscam algo único.
- *Parcerias com Fornecedores*: Estabelecer parcerias com fornecedores para obter produtos exclusivos ou edições limitadas pode ajudar a diferenciar a loja da concorrência.

Análise de Rentabilidade e Margem de Lucro

A rentabilidade e a margem de lucro são fatores cruciais na seleção do mix de produtos. Abaixo estão os passos para realizar uma análise eficaz:

1. Cálculo da Margem de Lucro:

- *Margem Bruta*: A margem bruta é calculada subtraindo o custo dos produtos vendidos (CPV) da receita total e dividindo o resultado pela receita total.

Fórmula:

Margem Bruta = ((Receita Total − CPV)/Receita Total) X 100 %

- *Margem Líquida*: A margem líquida leva em consideração todos os custos operacionais, incluindo despesas administrativas, marketing e outras despesas indiretas.

Fórmula:

Margem Líquida = (Lucro Líquido/Receita Total) X 100 %

2. Análise de Rentabilidade:

- *Produtos de Alta Margem*: Identificar e priorizar produtos que oferecem altas margens de lucro. Esses produtos contribuem mais significativamente para a rentabilidade da loja.
- *Produtos de Alta Rotatividade*: Produtos que vendem rapidamente podem ter margens de lucro mais baixas, mas contribuem para o fluxo de caixa positivo e para a rotação de estoque.

3. Gestão de Custos:

- *Negociação com Fornecedores*: Negociar preços e condições com fornecedores para reduzir o custo dos produtos e aumentar a margem de lucro.
- *Controle de Despesas*: Implementar medidas de controle de despesas operacionais para maximizar a margem líquida.

4. Monitoramento Contínuo:

- *Análise Regular*: Realizar análises regulares das margens de lucro e da rentabilidade dos produtos para identificar áreas de melhoria e ajustar o mix de produtos conforme necessário.
- *Ferramentas de Gestão*: Utilizar software de gestão financeira para monitorar e analisar a performance financeira da loja em tempo real.

Importância do Equilíbrio entre Produtos Básicos e Diferenciados

Um mix de produtos equilibrado é essencial para atender às diversas necessidades dos consumidores e garantir a sustentabilidade do negócio. Abaixo estão as considerações para manter esse equilíbrio:

1. Produtos Básicos:

- *Definição*: Produtos básicos são aqueles que têm uma demanda constante e alta rotatividade. Eles são essenciais para atrair um fluxo constante de clientes.
- Exemplos: Em uma loja de móveis e eletrodomésticos, produtos básicos podem incluir sofás, camas, mesas de jantar, geladeiras e fogões.
- Importância: Produtos básicos garantem um fluxo de receita estável e ajudam a construir a base de clientes da loja.

2. Produtos Diferenciados:

- *Definição*: Produtos diferenciados são itens únicos ou inovadores que se destacam por suas características exclusivas, design ou tecnologia.
- *Exemplos*: Produtos de designers renomados, edições limitadas, móveis personalizados e eletrodomésticos inteligentes.
- *Importância*: Produtos diferenciados atraem consumidores que buscam exclusividade e inovação, aumentando o valor percebido da marca e a fidelização dos clientes.

3. Estratégias de Equilíbrio:

- *Diversificação*: Manter um mix diversificado que inclua tanto produtos básicos quanto diferenciados para atender a diferentes segmentos de mercado.
- *Promoções e Campanhas*: Utilizar campanhas promocionais para destacar produtos diferenciados, ao mesmo tempo em que garante a visibilidade dos produtos básicos.
- Análise de Dados: Utilizar dados de vendas e feedback dos clientes para ajustar continuamente o mix de produtos, garantindo que ele permaneça equilibrado e relevante.

Rotação de Estoque e Gestão de Espaço

A rotação de estoque e a gestão eficiente do espaço são fundamentais para maximizar a utilização dos recursos da loja e atender às expectativas dos clientes.

1. Rotação de Estoque:

- *Cálculo da Rotação de Estoque*: A rotação de estoque é calculada dividindo o custo dos produtos vendidos (CPV) pelo estoque médio durante um período específico.

Fórmula:

Rotação de Estoque = CPV/Estoque Médio

- *Importância*: Uma alta rotação de estoque indica que os produtos estão vendendo rapidamente, o que é um sinal positivo de eficiência e demanda do consumidor.
- *Estratégias de Melhoria*: Implementar técnicas como Just-in-Time (JIT) e reorder point para manter níveis ótimos de estoque e reduzir os custos de armazenamento.

2. Gestão de Espaço:

- *Layout da Loja*: Projetar um layout de loja que maximize o uso do espaço disponível e facilite a navegação dos clientes. Isso inclui a disposição estratégica dos produtos para aumentar a visibilidade e incentivar as compras por impulso.
- Armazenamento Eficiente: Utilizar técnicas de armazenamento eficientes para maximizar o uso do espaço de estoque. Isso pode incluir estantes ajustáveis, sistemas de armazenamento vertical e software de gestão de inventário.
- Análise de Espaço: Realizar análises regulares do uso do espaço para identificar áreas de melhoria. Isso pode incluir a reorganização de produtos com base em sua rotatividade e a alocação de mais espaço para itens de alta demanda.

3. Tecnologia e Ferramentas:

- *Sistemas de Gestão de Inventário*: Implementar sistemas de gestão de inventário que forneçam visibilidade em tempo real dos níveis de estoque e ajudem a otimizar a reposição de produtos.
- Software de Planejamento de Espaço: Utilizar software de planejamento de espaço para criar layouts de loja eficientes e simular diferentes arranjos de produtos.

- Automação: Considerar o uso de tecnologias de automação, como RFID e sistemas de rastreamento, para melhorar a precisão do inventário e a eficiência operacional.

***

A seleção do mix de produtos é uma tarefa contínua que requer atenção constante e ajustes estratégicos. Nos próximos capítulos, discutiremos como aplicar esses princípios na prática, abordando estratégias de precificação, promoção e gestão de estoques, garantindo que a sua loja de móveis e eletrodomésticos esteja sempre bem-posicionada para atender às necessidades dos consumidores e maximizar a rentabilidade.

Capítulo 5: Fornecedores e Parcerias Estratégicas

Identificação e Seleção de Fornecedores

A identificação e seleção de fornecedores é um processo fundamental para garantir que a loja de móveis e eletrodomésticos mantenha um mix de produtos de alta qualidade, a preços competitivos, e que atenda às expectativas dos clientes. Abaixo estão os passos detalhados para conduzir esse processo de forma eficaz:

1. Identificação de Fornecedores Potenciais:

Pesquisa de Mercado:

Feiras e Exposições: Participar de feiras e exposições do setor é uma excelente maneira de identificar novos fornecedores. Esses eventos permitem ver os produtos em primeira mão e estabelecer contatos diretos com os fornecedores.

Publicações e Diretórios: Utilizar publicações especializadas, diretórios de negócios e plataformas online como Alibaba, ThomasNet e outros para encontrar fornecedores potenciais.

Recomendações: Solicitar recomendações de outros empresários do setor, associações comerciais e redes de negócios pode fornecer leads valiosos de fornecedores confiáveis.

Análise de Competência:

Avaliação da Capacidade de Produção: Verificar se o fornecedor possui a capacidade de produção necessária para atender à demanda da loja, tanto em termos de volume quanto de qualidade.

Certificações e Padrões: Avaliar se os fornecedores possuem certificações relevantes, como ISO 9001, que atestam a conformidade com padrões de qualidade e processos de fabricação eficientes.

2. Critérios para Seleção de Fornecedores:

Qualidade dos Produtos:

Inspeção de Qualidade: Solicitar amostras de produtos para inspecionar a qualidade e garantir que atendam aos padrões da loja.

Histórico de Desempenho: Analisar o histórico de desempenho dos fornecedores, incluindo feedback de outros clientes, taxa de defeitos e a capacidade de cumprir prazos.

Custo e Condições Comerciais:

Análise de Custo-Benefício: Comparar os preços dos produtos e as condições comerciais oferecidas pelos fornecedores, considerando fatores como descontos por volume, termos de pagamento e políticas de devolução.

Transparência de Custos: Verificar se o fornecedor é transparente em relação aos custos, incluindo quaisquer taxas adicionais ou custos ocultos.

Confiabilidade e Reputação:

Referências e Avaliações: Solicitar referências e ler avaliações de outros clientes para avaliar a reputação e a confiabilidade do fornecedor.

Histórico de Cumprimento de Prazos: Analisar o histórico de pontualidade na entrega dos produtos e a capacidade do fornecedor de cumprir prazos acordados.

Flexibilidade e Inovação:

Capacidade de Personalização: Verificar se o fornecedor oferece opções de personalização ou adaptações dos produtos para atender às necessidades específicas da loja.

Inovação e Desenvolvimento: Avaliar se o fornecedor está comprometido com a inovação e o desenvolvimento contínuo de novos produtos.

Negociação com Fornecedores

Negociar com fornecedores é uma habilidade crucial que pode impactar significativamente a rentabilidade e a competitividade da loja. Abaixo estão as estratégias para conduzir negociações eficazes:

<u>1. Preparação para a Negociação:</u>

Pesquisa e Planejamento:

Análise de Mercado: Realizar uma análise de mercado detalhada para entender as tendências de preços e as condições do setor.

Definição de Objetivos: Estabelecer objetivos claros para a negociação, incluindo preços-alvo, termos de pagamento desejados e condições de entrega.

Conhecimento do Fornecedor:

Perfil do Fornecedor: Coletar informações detalhadas sobre o fornecedor, incluindo sua capacidade de produção, histórico de desempenho e posição no mercado.

Pontos Fortes e Fracos: Identificar os pontos fortes e fracos do fornecedor para utilizar essa informação durante a negociação.

2. Estratégias de Negociação:

Construção de Relacionamento:

Comunicação Aberta: Estabelecer uma comunicação aberta e transparente com o fornecedor para construir confiança e facilitar a negociação.

Parceria de Longo Prazo: Enfatizar o interesse em construir uma parceria de longo prazo, o que pode levar a melhores condições comerciais e cooperação mútua.

Técnicas de Negociação:

Análise de Custos: Utilizar uma análise detalhada de custos para justificar propostas de preços e identificar áreas de economia.

Flexibilidade e Concessões: Estar preparado para fazer concessões em algumas áreas em troca de melhores condições em outras, como prazos de pagamento mais favoráveis ou descontos por volume.

Documentação e Acordos:

Contrato Formal: Formalizar os acordos de negociação em um contrato detalhado que inclua todas as condições comerciais, prazos de entrega, políticas de devolução e outras cláusulas relevantes.

Cláusulas de Revisão: Incluir cláusulas que permitam a revisão periódica dos termos do contrato para ajustar às mudanças nas condições do mercado.

Importância das Parcerias Estratégicas

As parcerias estratégicas com fornecedores vão além das transações comerciais comuns e podem oferecer vantagens significativas para a loja. Abaixo estão os benefícios e estratégias para construir parcerias estratégicas sólidas:

1. Benefícios das Parcerias Estratégicas:

Vantagens Competitivas:

Acesso a Produtos Exclusivos: Parcerias estratégicas podem garantir acesso a produtos exclusivos que diferenciam a loja da concorrência.

Inovação e Desenvolvimento: Colaborações estreitas com fornecedores podem levar ao desenvolvimento de novos produtos e à introdução de inovações no mix de produtos da loja.

Eficiência Operacional:

Sincronização de Processos: Parcerias estratégicas permitem uma melhor sincronização dos processos de produção e logística, reduzindo tempos de entrega e otimizando a gestão de estoque.

Redução de Custos: Colaborações podem resultar em redução de custos através de economias de escala, melhoria de processos e condições comerciais favoráveis.

Resiliência e Sustentabilidade:

Segurança de Abastecimento: Parcerias estratégicas aumentam a segurança de abastecimento, reduzindo o risco de interrupções na cadeia de suprimentos.

Práticas Sustentáveis: Trabalhar com fornecedores comprometidos com práticas sustentáveis pode melhorar a responsabilidade social e a imagem da marca.

2. Estratégias para Construir Parcerias Estratégicas:

Seleção de Parceiros:

Alinhamento de Valores: Escolher fornecedores cujos valores e visão estejam alinhados com os da loja, promovendo uma colaboração mais harmoniosa e produtiva.

Capacidade de Inovação: Selecionar fornecedores que demonstrem capacidade de inovação e vontade de investir em desenvolvimento conjunto.

Desenvolvimento de Relacionamentos:

Comunicação Regular: Manter uma comunicação regular e aberta com os fornecedores para discutir desafios, oportunidades e planos futuros.

Visitas e Interações: Realizar visitas regulares às instalações dos fornecedores para fortalecer o relacionamento e entender melhor suas operações.

Colaboração e Co-Inovação:

Projetos Conjuntos: Desenvolver projetos conjuntos de inovação, desde a concepção de novos produtos até a melhoria de processos existentes.

Compartilhamento de Dados: Compartilhar dados de mercado e feedback dos clientes com os fornecedores para ajudar na melhoria contínua dos produtos.

Gestão de Relacionamento com Fornecedores

Uma gestão eficaz do relacionamento com fornecedores é essencial para manter a qualidade dos produtos e garantir a continuidade dos negócios. Abaixo estão as práticas recomendadas para gerenciar esses relacionamentos:

1. Comunicação e Transparência:

Plataformas de Comunicação:

Ferramentas de Gestão: Utilizar plataformas de gestão de relacionamento com fornecedores (SRM) para facilitar a comunicação e o acompanhamento de pedidos.

Reuniões Regulares: Agendar reuniões regulares para discutir o desempenho, resolver problemas e planejar futuras colaborações.

Transparência:

Compartilhamento de Informações: Compartilhar informações relevantes, como previsões de demanda e feedback dos clientes, para ajudar os fornecedores a planejar e otimizar suas operações.

Clareza nos Termos: Garantir que todos os termos e expectativas estejam claramente definidos e compreendidos por ambas as partes.

2. Avaliação e Monitoramento:

Indicadores de Desempenho:

KPIs: Definir indicadores-chave de desempenho (KPIs) para avaliar a qualidade dos produtos, a pontualidade das entregas e a eficiência dos processos.

Avaliações Periódicas: Realizar avaliações periódicas do desempenho dos fornecedores com base nos KPIs estabelecidos.

Feedback Contínuo:

Revisões de Desempenho: Fornecer feedback regular aos fornecedores sobre seu desempenho e discutir áreas de melhoria.

Reconhecimento de Excelência: Reconhecer e recompensar fornecedores que se destacam pelo desempenho excepcional e pela contribuição para o sucesso da loja.

3. Gestão de Conflitos:

Prevenção de Conflitos:

Contratos Detalhados: Reduzir o potencial de conflitos garantindo que todos os termos e condições estejam claramente definidos nos contratos.

Comunicação Proativa: Manter uma comunicação proativa para identificar e resolver problemas antes que se tornem conflitos maiores.

Resolução de Conflitos:

Mediação: Utilizar a mediação como uma abordagem para resolver conflitos de forma amigável e construtiva.

Cláusulas de Arbitragem: Incluir cláusulas de arbitragem nos contratos para resolver disputas de forma eficiente e evitar litígios prolongados.

***

A gestão eficaz dos fornecedores e parcerias estratégicas é essencial para o sucesso de uma loja de móveis e eletrodomésticos. Nos próximos capítulos, abordaremos como aplicar esses princípios na prática, explorando estratégias de precificação, promoção e gestão de estoques, garantindo que sua loja esteja sempre bem-posicionada para atender às necessidades dos consumidores e maximizar a rentabilidade.

Capítulo 6: Estratégias de Precificação

Métodos de Precificação

A definição de preços é uma das decisões mais críticas no gerenciamento de uma loja de móveis e eletrodomésticos. Escolher a estratégia de precificação correta pode influenciar diretamente as vendas, a lucratividade e a percepção do valor da marca. Existem vários métodos de precificação que podem ser aplicados, dependendo dos objetivos e da natureza dos produtos oferecidos.

1. Precificação Baseada em Custos:

Este método envolve calcular todos os custos associados à produção ou aquisição de um produto e adicionar uma margem de lucro desejada para determinar o preço de venda.

Cálculo dos Custos:

Custos Fixos: Incluem despesas como aluguel, salários e utilidades que não variam com o nível de produção.

Custos Variáveis: Incluem custos diretamente atribuíveis à produção ou aquisição de um produto, como matérias-primas e frete.

Fórmula da Precificação:

Preço de Venda = Custo Total + Margem de Lucro

2. Precificação Baseada no Valor:

Este método define os preços com base no valor percebido pelo cliente, em vez de nos custos do produto. A precificação baseada no valor é particularmente eficaz para produtos diferenciados e de alta qualidade.

Avaliação do Valor:

Pesquisa de Mercado: Entender a disposição dos clientes a pagar por produtos específicos através de pesquisas e feedback.

Comparação com Concorrentes: Avaliar como os produtos se comparam em termos de qualidade, benefícios e preço em relação aos concorrentes.

3. Precificação Competitiva:

A precificação competitiva envolve definir os preços com base nos preços praticados pelos concorrentes. Este método é útil em mercados altamente competitivos onde os consumidores são sensíveis ao preço.

Estratégias de Precificação Competitiva:

Abaixo do Mercado: Definir preços abaixo dos concorrentes para atrair consumidores sensíveis ao preço.

No Nível do Mercado: Definir preços em linha com os concorrentes para competir com base em outros fatores, como qualidade e serviço.

Acima do Mercado: Definir preços acima dos concorrentes para posicionar produtos como premium.

4. Precificação Dinâmica:

A precificação dinâmica envolve ajustar os preços em tempo real com base em demanda, estoque e outros fatores. Este método é comum em comércio eletrônico e pode maximizar a receita.

Ferramentas de Precificação Dinâmica:

Algoritmos de Precificação: Utilizar software de precificação que ajusta automaticamente os preços com base em critérios predefinidos.

Monitoramento de Concorrentes: Ferramentas que rastreiam os preços dos concorrentes e ajustam os preços em resposta.

5. Precificação por Pacotes:

A precificação por pacotes envolve vender vários produtos juntos a um preço único. Este método pode aumentar o valor percebido e incentivar a compra de produtos adicionais.

Estratégias de Pacotes:

Pacotes de Complementares: Agrupar produtos que são frequentemente comprados juntos, como um sofá com uma mesa de centro.

Descontos por Volume: Oferecer descontos para compras em maior quantidade, incentivando os clientes a comprar mais.

Estratégias de Precificação para Diferentes Segmentos de Produtos

Diferentes segmentos de produtos podem exigir abordagens distintas de precificação para maximizar a receita e atender às expectativas dos clientes.

1. Produtos de Entrada:

Produtos de entrada são aqueles com preços mais baixos, destinados a atrair clientes para a loja.

Estratégias para Produtos de Entrada:

Preços Atrativos: Definir preços baixos para atrair clientes sensíveis ao preço.

Ofertas e Promoções: Utilizar ofertas e promoções para incentivar a experimentação e a compra.

2. Produtos Premium:

Produtos premium são de alta qualidade e preço elevado, direcionados a clientes que valorizam exclusividade e sofisticação.

Estratégias para Produtos Premium:

Precificação Baseada no Valor: Definir preços com base no valor percebido e nos benefícios únicos oferecidos.

Posicionamento de Marca: Comunicar claramente o valor e a exclusividade dos produtos através de marketing e branding.

3. Produtos de Alta Rotatividade:

Produtos de alta rotatividade são aqueles que vendem rapidamente e têm alta demanda.

Estratégias para Produtos de Alta Rotatividade:

Preços Competitivos: Manter preços competitivos para garantir alta rotatividade e atração constante de clientes.

Gerenciamento de Estoque: Ajustar os preços com base nos níveis de estoque para evitar excessos e faltas.

4. Produtos Sazonais:

Produtos sazonais são aqueles que têm demanda em períodos específicos do ano.

Estratégias para Produtos Sazonais:

Ajuste de Preços: Aumentar os preços durante os picos de demanda e oferecer descontos fora de temporada.

Promoções Sazonais: Realizar promoções e campanhas específicas durante as estações de alta demanda para maximizar as vendas.

Análise de Competitividade

A análise de competitividade é essencial para definir preços que sejam atraentes para os consumidores e sustentáveis para o negócio. Abaixo estão as etapas detalhadas para realizar essa análise:

1. Identificação dos Concorrentes:

Concorrentes Diretos: Lojas que vendem produtos similares e competem pelo mesmo público-alvo.

Concorrentes Indiretos: Lojas que oferecem produtos substitutos ou complementares que podem influenciar as decisões de compra dos consumidores.

2. Análise de Preços dos Concorrentes:

Monitoramento Contínuo: Utilizar ferramentas de monitoramento de preços para rastrear os preços dos concorrentes em tempo real.

Comparação de Preços: Comparar regularmente os preços dos produtos com os dos concorrentes para identificar discrepâncias e oportunidades de ajuste.

3. Avaliação de Valor:

Proposição de Valor: Analisar a proposição de valor oferecida pelos concorrentes e como ela se compara à sua. Isso inclui qualidade do produto, serviço ao cliente, garantia e outros benefícios.

Feedback dos Clientes: Coletar feedback dos clientes sobre suas percepções de valor em relação aos concorrentes.

4. Ajustes de Estratégia:

Revisão de Preços: Ajustar os preços com base nos insights da análise de competitividade, garantindo que sejam atraentes e competitivos.

Diferenciação de Produtos: Destacar características únicas e benefícios dos produtos para justificar preços mais elevados e se diferenciar dos concorrentes.

Impacto da Precificação no Mix de Produtos

A estratégia de precificação tem um impacto significativo no mix de produtos e pode influenciar a percepção do cliente, a rotatividade de estoque e a rentabilidade geral da loja. Abaixo estão os principais impactos da precificação no mix de produtos:

1. Percepção do Cliente:

Posicionamento de Marca: Os preços podem influenciar a percepção da marca pelos clientes. Preços mais altos podem posicionar a marca como premium, enquanto preços baixos podem atrair clientes sensíveis ao preço.

Expectativas de Qualidade: A precificação afeta as expectativas de qualidade dos clientes. Produtos com preços mais altos são frequentemente percebidos como de melhor qualidade.

2. Rotatividade de Estoque:

Alta Rotatividade: Produtos com preços competitivos tendem a ter alta rotatividade, ajudando a manter o estoque em movimento e reduzindo os custos de armazenamento.

Gestão de Excesso de Estoque: Preços promocionais e descontos podem ser utilizados para acelerar a venda de produtos com excesso de estoque.

3. Margem de Lucro:

Margens Variáveis: Diferentes estratégias de precificação podem resultar em margens de lucro variáveis. Produtos premium geralmente têm margens de lucro mais altas, enquanto produtos de entrada podem ter margens mais baixas.

Maximização da Rentabilidade: Ajustar os preços para otimizar a combinação de volume de vendas e margem de lucro é essencial para maximizar a rentabilidade geral da loja.

4. Equilíbrio do Mix de Produtos:

Diversificação: Uma estratégia de precificação diversificada permite que a loja ofereça uma gama de produtos que atendem a diferentes segmentos de mercado, desde produtos acessíveis até opções premium.

Ajustes Baseados em Demanda: Monitorar a demanda e ajustar os preços conforme necessário para manter um mix de produtos equilibrado e relevante.

5. Impacto na Estratégia de Marketing:

Campanhas Promocionais: Os preços influenciam as campanhas promocionais e as estratégias de marketing. Descontos, ofertas especiais e promoções sazonais são ferramentas eficazes para atrair clientes e aumentar as vendas.

Comunicação de Valor: Comunicar claramente o valor dos produtos em relação aos seus preços é essencial para convencer os clientes de que estão fazendo uma boa compra.

6. Sustentabilidade e Responsabilidade Social:

Produtos Sustentáveis: A precificação pode refletir o compromisso da loja com a sustentabilidade, oferecendo produtos ecológicos a preços justos e promovendo práticas de consumo responsável.

Transparência de Preços: Ser transparente sobre como os preços são definidos e como os produtos são produzidos pode fortalecer a confiança e a lealdade dos clientes.

***

As estratégias de precificação são uma ferramenta poderosa para gerenciar a rentabilidade, a competitividade e a percepção do valor da marca. Nos próximos capítulos, exploraremos como aplicar esses princípios na prática, abordando estratégias de promoção, gestão de estoques e monitoramento de desempenho, garantindo que sua loja de móveis e eletrodomésticos esteja sempre bem-posicionada para atender às necessidades dos consumidores e maximizar a rentabilidade.

Capítulo 7: Promoção e Marketing do Mix de Produtos

Estratégias de Marketing para Móveis e Eletrodomésticos

O marketing eficaz é crucial para o sucesso de qualquer loja de móveis e eletrodomésticos. Ele não só atrai novos clientes, mas também retém os existentes, aumenta as vendas e fortalece a marca. Abaixo estão algumas estratégias de marketing detalhadas que podem ser implementadas:

1. Identificação do Público-Alvo:

Antes de iniciar qualquer campanha de marketing, é essencial identificar e compreender o público-alvo. Isso inclui análise demográfica, comportamental e psicográfica dos consumidores.

2. Posicionamento da Marca:

Definir um posicionamento claro da marca é crucial. A loja deve comunicar o que a diferencia da concorrência, seja em termos de preço, qualidade, design, serviço ao cliente ou inovação.

3. Desenvolvimento de Conteúdo Atrativo:

Fotos e Vídeos de Alta Qualidade: Utilizar imagens e vídeos profissionais dos produtos em uso. Mostrar cenários reais e inspiradores pode ajudar os clientes a visualizarem os produtos em suas próprias casas.

Descrições Detalhadas de Produtos: Fornecer descrições detalhadas que destacam as características, benefícios e especificações dos produtos.

Conteúdo Educativo: Criar blogs, vídeos e guias que educam os clientes sobre tendências de design, dicas de decoração e manutenção de produtos.

4. Publicidade Online e Offline:

Anúncios Digitais: Utilizar plataformas como Google Ads e redes sociais para segmentar anúncios para públicos específicos.

Publicidade Tradicional: Investir em anúncios em revistas de design de interiores, jornais locais e rádio para alcançar um público mais amplo.

Marketing de Influenciadores: Colaborar com influenciadores de design e decoração para promover os produtos para seus seguidores.

5. Participação em Eventos e Feiras:

Participar de feiras de móveis e eletrodomésticos e outros eventos relacionados pode aumentar a visibilidade da marca e permitir interações diretas com potenciais clientes.

Aqui estão algumas das maiores e melhores feiras de móveis e eletrodomésticos do Brasil, juntamente com informações sobre quando e onde elas costumam acontecer:

1. **Movelpar**
    - **Local:** Expoara, Arapongas, PR
    - **Data:** Normalmente ocorre em janeiro
    - **Descrição:** Uma das feiras mais importantes do setor moveleiro, atraindo fabricantes de móveis e eletrodomésticos de todo o Brasil para apresentar suas novas coleções.

2. **Femur (Feira de Móveis de Ubá)**
    - **Local:** Ubá, MG
    - **Data:** Janeiro
    - **Descrição:** Destaca-se por reunir os maiores fabricantes do polo moveleiro de Ubá, apresentando novidades e tendências do setor.

3. **ABIMAD (Associação Brasileira das Indústrias de Móveis de Alta Decoração)**
    - **Local:** São Paulo Expo, São Paulo, SP
    - **Data:** Duas edições por ano, geralmente em janeiro e julho
    - **Descrição:** Focada em móveis de alta decoração, a ABIMAD atrai designers e lojistas que buscam produtos diferenciados e de alta qualidade.

4. **ForMóbile**
   - **Local:** São Paulo Expo, São Paulo, SP
   - **Data:** Julho
   - **Descrição:** A maior feira do setor moveleiro e de marcenaria da América Latina, apresentando mais de 550 marcas expositoras e atraindo cerca de 50 mil profissionais do setor.

5. **Movelsul**
   - **Local:** Parque de Eventos de Bento Gonçalves, RS
   - **Data:** Fevereiro (próxima edição em 2025)
   - **Descrição:** Uma das principais feiras do setor moveleiro, focada em móveis e acessórios, atraindo visitantes de todo o Brasil e do exterior.

6. **Expomóvel Nordeste**
   - **Local:** Gravatá, PE
   - **Data:** Abril
   - **Descrição:** Feira regional importante que reúne fabricantes e lojistas do Nordeste, promovendo negócios e networking no setor moveleiro.

7. **Móvel Brasil**
   - **Local:** Balneário Camboriú, SC
   - **Data:** Março
   - **Descrição:** Evento focado em design, móveis clássicos e sustentabilidade, atraindo profissionais do setor de todo o Brasil.

Essas feiras são oportunidades excelentes para conhecer as últimas tendências, fazer networking e fechar negócios no setor de móveis e eletrodomésticos

Campanhas Promocionais e Sazonais

Campanhas promocionais e sazonais são eficazes para aumentar as vendas e atrair novos clientes. Abaixo estão algumas estratégias detalhadas para implementar essas campanhas:

1. Planejamento de Campanhas Sazonais:

Identificação de Datas Importantes: Planejar campanhas em torno de datas importantes como Black Friday, Natal, Dia das Mães, e períodos de volta às aulas.

Temporadas de Alta Demanda: Identificar períodos de alta demanda, como primavera e verão para móveis de exterior e inverno para aquecedores e cobertores elétricos.

2. Tipos de Promoções:

Descontos e Ofertas: Oferecer descontos em produtos selecionados, compras em grande quantidade e frete grátis para aumentar as vendas.

Pacotes Promocionais: Criar pacotes promocionais que combinem móveis e eletrodomésticos complementares com um preço especial.

Programas de Fidelidade: Implementar programas de fidelidade que recompensem os clientes frequentes com descontos, ofertas exclusivas e pontos acumuláveis.

3. Marketing Direto:

Email Marketing: Utilizar campanhas de e-mail marketing para comunicar promoções, novos produtos e eventos especiais. Personalizar os e-mails com base no histórico de compras dos clientes.

SMS Marketing: Enviar mensagens de texto para os clientes informando sobre promoções e ofertas especiais.

4. Utilização de Ferramentas de Automação:

Utilizar ferramentas de automação de marketing para segmentar clientes, programar campanhas e monitorar o desempenho das promoções. Ferramentas como HubSpot, Mailchimp e Klaviyo podem ser muito úteis.

Utilização de Canais Digitais e Mídias Sociais

Os canais digitais e as mídias sociais são ferramentas poderosas para alcançar e engajar clientes. Abaixo estão algumas estratégias detalhadas para maximizar seu impacto:

1. Website e SEO:

Website Atraente e Funcional: Garantir que o website da loja seja atraente, fácil de navegar e otimizado para dispositivos móveis.

Otimização para Motores de Busca (SEO): Utilizar técnicas de SEO para melhorar a visibilidade do site nos motores de busca. Incluir palavras-chave relevantes, descrições detalhadas de produtos e conteúdo de blog.

2. Redes Sociais:

Plataformas Populares: Utilizar plataformas como Facebook, Instagram, Pinterest e YouTube para alcançar diferentes segmentos de clientes.

Conteúdo Visual Atrativo: Postar fotos e vídeos de alta qualidade dos produtos, dicas de decoração e bastidores da loja.

Interação com Clientes: Responder a comentários, mensagens e feedback dos clientes de forma rápida e amigável para construir uma comunidade engajada.

3. Publicidade em Redes Sociais:

Anúncios Segmentados: Utilizar as opções de segmentação das plataformas de redes sociais para direcionar anúncios para públicos específicos com base em interesses, comportamento e dados demográficos.

Retargeting: Implementar campanhas de retargeting para alcançar visitantes do site que não concluíram uma compra, incentivando-os a retornar e finalizar a compra.

4. Marketing de Conteúdo:

Blogs e Artigos: Publicar blogs e artigos sobre tendências de decoração, guias de compra e manutenção de móveis e eletrodomésticos.

Vídeos e Webinars: Criar vídeos tutoriais, demonstrações de produtos e webinars para educar e engajar os clientes.

5. Plataformas de Avaliações:

Encorajamento de Avaliações: Incentivar os clientes satisfeitos a deixarem avaliações positivas em plataformas como Google My Business, Yelp e Trustpilot.

Resposta a Avaliações: Monitorar e responder a avaliações de forma profissional para demonstrar compromisso com a satisfação do cliente.

Fidelização de Clientes

Fidelizar clientes é essencial para garantir vendas recorrentes e construir uma base de clientes leais. Abaixo estão algumas estratégias detalhadas para fidelização de clientes:

1. Programas de Fidelidade:

Pontos e Recompensas: Implementar programas de pontos onde os clientes acumulam pontos em cada compra, que podem ser trocados por descontos ou produtos gratuitos.

Ofertas Exclusivas: Oferecer ofertas exclusivas e acesso antecipado a novos produtos para membros do programa de fidelidade.

2. Excelente Atendimento ao Cliente:

Suporte Personalizado: Oferecer suporte personalizado e rápido, seja online, por telefone ou em loja, para resolver quaisquer problemas ou dúvidas dos clientes.

Treinamento da Equipe: Garantir que a equipe de atendimento ao cliente seja bem treinada e capacitada para oferecer um serviço de alta qualidade.

3. Experiência de Compra:

Ambiente de Loja Agradável: Criar um ambiente de loja agradável e acolhedor, com exibição organizada e inspiradora dos produtos.

Facilidade de Compra Online: Oferecer uma experiência de compra online fácil e intuitiva, com opções de pagamento seguras e diversos métodos de entrega.

4. Engajamento Pós-Compra:

Follow-Up: Realizar follow-up após a compra para agradecer e solicitar feedback, mostrando aos clientes que sua opinião é valorizada.

Manutenção de Relacionamento: Manter o relacionamento com os clientes através de newsletters, atualizações de produtos e convites para eventos exclusivos.

5. Programas de Indicação:

Incentivos para Indicações: Implementar programas de indicação onde os clientes recebem recompensas por indicar novos clientes para a loja.

Facilidade de Indicação: Facilitar o processo de indicação através de links compartilháveis e códigos de desconto personalizados.

6. Comunidade e Eventos:

Criação de Comunidade: Construir uma comunidade em torno da marca através de redes sociais e eventos locais.

Eventos Exclusivos: Realizar eventos exclusivos para clientes, como lançamentos de produtos, workshops de decoração e encontros com designers.

***

Promoção e marketing eficazes são essenciais para o sucesso de uma loja de móveis e eletrodomésticos. Ao implementar essas estratégias, a loja pode atrair novos clientes, aumentar as vendas e construir uma base de clientes leais. Nos próximos capítulos, discutiremos como aplicar esses princípios na prática, abordando estratégias de gestão de estoques, monitoramento de desempenho e inovação, garantindo que sua loja esteja sempre bem-posicionada para atender às necessidades dos consumidores e maximizar a rentabilidade.

Capítulo 8: Gestão de Estoque e Logística

Importância da Gestão de Estoque

A gestão de estoque é um componente crítico para o sucesso de uma loja de móveis e eletrodomésticos. Ela envolve o planejamento, controle e monitoramento dos produtos disponíveis para venda, garantindo que a loja possa atender às demandas dos clientes de maneira eficiente e econômica.

1. Garantia de Disponibilidade de Produtos:

Uma gestão de estoque eficaz garante que os produtos certos estejam disponíveis no momento certo, evitando rupturas de estoque que podem resultar em perda de vendas e insatisfação do cliente.

2. Otimização de Recursos Financeiros:

Manter níveis de estoque equilibrados ajuda a evitar o excesso de produtos, o que pode imobilizar capital e aumentar os custos de armazenamento. Uma gestão eficiente reduz o capital de giro necessário e melhora o fluxo de caixa.

3. Redução de Custos Operacionais:

Controlar o estoque de maneira eficiente ajuda a minimizar os custos associados ao armazenamento, manuseio e deterioração de produtos, especialmente em itens volumosos como móveis e eletrodomésticos.

4. Melhoria da Satisfação do Cliente:

Uma boa gestão de estoque garante que os clientes encontrem os produtos que desejam, aumentando a satisfação e a fidelidade. A capacidade de atender rapidamente às demandas dos clientes é um diferencial competitivo importante.

5. Prevenção de Obsolescência:

Em setores como móveis e eletrodomésticos, onde as tendências e tecnologias mudam rapidamente, uma gestão de estoque eficaz ajuda a evitar a obsolescência de produtos, garantindo que os itens mais recentes e desejados estejam sempre disponíveis.

Técnicas e Ferramentas de Controle de Estoque

Existem várias técnicas e ferramentas que podem ser utilizadas para controlar o estoque de forma eficiente. Abaixo estão algumas das mais eficazes:

1. Técnicas de Controle de Estoque:

FIFO (First In, First Out):

Essa técnica garante que os produtos mais antigos no estoque sejam vendidos primeiro, minimizando o risco de obsolescência e deterioração. É especialmente útil para produtos que têm uma vida útil limitada.

LIFO (Last In, First Out):

Essa técnica prioriza a venda dos produtos mais recentes no estoque. Embora não seja tão comum em lojas de móveis e eletrodomésticos, pode ser útil em certos cenários fiscais ou contábeis.

Just-in-Time (JIT):

O JIT busca minimizar os níveis de estoque, sincronizando a produção e a entrega dos produtos com a demanda. Isso reduz custos de armazenamento, mas requer uma cadeia de suprimentos altamente confiável.

EOQ (Economic Order Quantity):

O EOQ é um modelo matemático que determina a quantidade ideal de pedido para minimizar os custos totais de pedido e manutenção de estoque. É útil para produtos com demanda constante.

ABC Analysis:

Classifica os produtos em três categorias (A, B e C) com base em seu valor e importância para o negócio. Produtos "A" são os mais valiosos e requerem controle rigoroso, enquanto produtos "C" são menos críticos e podem ter controle menos intensivo.

2. Ferramentas de Controle de Estoque:

Sistemas de Gestão de Estoque (SGE):

Software que automatiza o processo de rastreamento e gerenciamento de estoque. Exemplos incluem SAP, Oracle NetSuite, e TradeGecko. Essas ferramentas oferecem funcionalidades como rastreamento de inventário em tempo real, alertas de reabastecimento e relatórios analíticos.

RFID (Radio Frequency Identification):

Tecnologia que utiliza etiquetas de radiofrequência para rastrear produtos. Melhora a precisão do inventário e reduz o tempo de verificação manual.

Codificação de Barras:

Uma tecnologia mais tradicional, mas ainda eficaz, que utiliza scanners de código de barras para rastrear e atualizar automaticamente os níveis de estoque.

Dashboards e Relatórios Analíticos:

Ferramentas que fornecem visibilidade sobre o desempenho do estoque, permitindo uma análise detalhada e tomada de decisão informada. Sistemas de BI (Business Intelligence) podem ser integrados para fornecer insights mais profundos.

Logística e Distribuição Eficiente

A logística e a distribuição eficiente são essenciais para garantir que os produtos cheguem aos clientes de maneira oportuna e econômica. Abaixo estão as práticas recomendadas para otimizar a logística e a distribuição:

1. Planejamento Logístico:

Roteirização: Utilizar software de roteirização para planejar rotas de entrega eficientes, reduzindo o tempo de trânsito e os custos de transporte.

Consolidação de Cargas: Agrupar pedidos para maximizar a utilização dos veículos de transporte e reduzir o número de viagens necessárias.

2. Armazenagem e Manuseio:

Layout do Armazém: Projetar o layout do armazém para facilitar o fluxo eficiente de produtos, com zonas específicas para recebimento, armazenamento, picking e expedição.

Tecnologia de Armazenagem: Implementar sistemas automatizados, como esteiras transportadoras e robôs de picking, para aumentar a eficiência e reduzir erros.

3. Parcerias Logísticas:

Terceirização: Considerar a terceirização de parte ou de toda a operação logística para operadores logísticos terceirizados (3PLs) que possuam expertise e infraestrutura adequadas.

Colaboração com Fornecedores: Trabalhar em estreita colaboração com fornecedores para coordenar entregas e minimizar os tempos de espera.

4. Gestão de Transporte:

Frete Multimodal: Utilizar uma combinação de modos de transporte (rodoviário, ferroviário, aéreo e marítimo) para otimizar custos e tempos de entrega.

Rastreamento de Encomendas: Implementar sistemas de rastreamento para monitorar o status das entregas em tempo real, proporcionando visibilidade e comunicação proativa com os clientes.

Impacto da Gestão de Estoque no Mix de Produtos

A gestão de estoque tem um impacto significativo no mix de produtos de uma loja de móveis e eletrodomésticos. Abaixo estão os principais impactos:

1. Diversificação do Mix de Produtos:

Uma gestão de estoque eficiente permite manter uma ampla gama de produtos sem imobilizar excessivamente o capital, proporcionando aos clientes mais opções de escolha.

2. Flexibilidade e Adaptação:

A capacidade de ajustar rapidamente os níveis de estoque em resposta às mudanças na demanda permite que a loja introduza novos produtos e remova os obsoletos com eficiência.

3. Redução de Custos:

O controle eficiente de estoque reduz os custos associados ao armazenamento, deterioração e obsolescência de produtos, permitindo preços mais competitivos e melhores margens de lucro.

4. Atendimento ao Cliente:

Uma gestão de estoque eficaz garante que os produtos populares estejam sempre disponíveis, aumentando a satisfação do cliente e a probabilidade de fidelização.

5. Planejamento de Compras:

Dados precisos de estoque permitem um planejamento de compras mais eficaz, garantindo que a loja mantenha níveis ótimos de estoque e evite excessos ou faltas.

***

A gestão de estoque e logística é essencial para o sucesso operacional de uma loja de móveis e eletrodomésticos. Implementar técnicas e ferramentas eficazes de controle de estoque, junto com práticas logísticas eficientes, pode melhorar significativamente a eficiência operacional, reduzir custos e aumentar a satisfação do cliente. Nos próximos capítulos, discutiremos como aplicar esses princípios na prática, abordando monitoramento de desempenho e inovação, garantindo que sua loja esteja sempre bem-posicionada para atender às necessidades dos consumidores e maximizar a rentabilidade.

Capítulo 9: Monitoramento e Avaliação do Mix de Produtos

Indicadores de Desempenho

Para garantir que o mix de produtos esteja alinhado com os objetivos estratégicos da loja, é essencial monitorar e avaliar continuamente o desempenho dos produtos. Os indicadores de desempenho (KPIs) são métricas que ajudam a medir a eficácia e a eficiência do mix de produtos. Abaixo estão alguns dos principais KPIs a serem monitorados:

1. Volume de Vendas:

Unidades Vendidas: Número total de unidades vendidas de cada produto.

Receita de Vendas: Valor total das vendas geradas por cada produto.

2. Margem de Lucro:

Margem Bruta: Receita total menos o custo dos produtos vendidos (CPV). Isso ajuda a entender a lucratividade de cada produto.

Margem Líquida: Receita total menos todos os custos operacionais, incluindo CPV, despesas administrativas e outras despesas indiretas.

3. Rotação de Estoque:

Taxa de Rotação de Estoque: Número de vezes que o estoque é renovado durante um período específico.

Fórmula:

Rotação de Estoque = CPV / Estoque Médio

Dias de Estoque Disponível: Número de dias que o estoque atual pode sustentar as vendas atuais.

Fórmula:

Dias de Estoque = Estoque *Médio*/(CPV÷365)

4. Taxa de Devolução:

Porcentagem de Devoluções: Percentual de produtos devolvidos em relação ao total de vendas.

Fórmula:

Taxa de Devolução = (Produtos Devolvidos/Vendas Totais) X 100%

5. Satisfação do Cliente:

NPS (Net Promoter Score): Métrica que mede a disposição dos clientes em recomendar a loja a outras pessoas.

Avaliações e Feedback: Coleta e análise de avaliações de produtos e feedback dos clientes.

6. Cobertura de Mercado:

Participação de Mercado: Percentual de vendas da loja em comparação com o mercado total para cada categoria de produto.

Ferramentas de Monitoramento

Para coletar e analisar os KPIs mencionados, várias ferramentas de monitoramento podem ser utilizadas. Essas ferramentas ajudam a garantir que o mix de produtos esteja sempre otimizado e alinhado com as demandas do mercado.

1. Sistemas de Gestão de Inventário (SGI):

Funcionalidades: Rastreamento de estoque em tempo real, alertas de reabastecimento, relatórios de vendas e análise de rotatividade.

Exemplos: SAP, Oracle NetSuite, TradeGecko.

2. Software de Análise de Dados:

Funcionalidades: Análise de vendas, margens de lucro, desempenho de produtos e tendências de mercado.

Exemplos: Tableau, Microsoft Power BI, Google Data Studio.

3. Plataformas de E-commerce:

Funcionalidades: Relatórios de vendas, taxa de conversão, comportamento do cliente e feedback.

Exemplos: Shopify, Magento, WooCommerce.

4. Ferramentas de CRM (Customer Relationship Management):

Funcionalidades: Gerenciamento de relacionamento com o cliente, histórico de compras, feedback e suporte ao cliente.

Exemplos: Salesforce, HubSpot, Zoho CRM.

5. Sistemas de Business Intelligence (BI):

Funcionalidades: Integração de dados de diversas fontes, criação de dashboards interativos e relatórios customizados.

Exemplos: QlikView, IBM Cognos, Looker.

Ajustes e Otimização do Mix de Produtos

Com base nos dados coletados e analisados, é possível fazer ajustes e otimizar o mix de produtos para melhorar o desempenho da loja. Abaixo estão algumas estratégias para ajustar e otimizar o mix de produtos:

1. Análise de Produtos de Alto e Baixo Desempenho:

Descontinuar Produtos de Baixo Desempenho: Identificar e descontinuar produtos que têm baixa rotatividade, alta taxa de devolução ou margens de lucro insuficientes.

Focar em Produtos de Alto Desempenho: Investir mais em produtos que têm alta demanda, alta margem de lucro e alta satisfação do cliente.

2. Introdução de Novos Produtos:

Pesquisa de Mercado: Utilizar pesquisas de mercado para identificar novas tendências e necessidades dos clientes.

Testes de Produtos: Realizar testes de mercado com novos produtos antes de lançá-los oficialmente.

3. Ajuste de Preços:

Análise de Elasticidade de Preços: Estudar como as mudanças nos preços afetam a demanda dos produtos.

Promoções e Descontos: Implementar promoções e descontos estratégicos para aumentar a rotatividade de produtos.

4. Otimização de Estoque:

Reabastecimento Just-in-Time (JIT): Implementar um sistema de reabastecimento que minimize o estoque em excesso e os custos de armazenamento.

Análise de ABC: Classificar os produtos com base em seu valor e importância para otimizar a gestão de estoque.

5. Personalização da Oferta:

Segmentação de Clientes: Utilizar dados de CRM para segmentar clientes e personalizar ofertas e campanhas de marketing.

Cross-Selling e Up-Selling: Implementar estratégias de cross-selling e up-selling para aumentar o valor médio das transações.

Estudos de Caso e Exemplos Práticos

A aplicação prática das estratégias de monitoramento e otimização do mix de produtos pode ser ilustrada através de estudos de caso e exemplos práticos de empresas bem-sucedidas.

1. Estudo de Caso: IKEA

Desafio: A IKEA enfrentava desafios na gestão de um vasto portfólio de produtos e na adaptação às mudanças rápidas nas preferências dos clientes.

Solução: Implementou um sistema de gestão de inventário avançado e ferramentas de BI para monitorar o desempenho dos produtos em tempo real.

Resultado: A otimização do mix de produtos resultou em uma redução significativa nos custos de estoque e um aumento nas vendas de produtos de alto desempenho.

2. Estudo de Caso: Magazine Luiza

Desafio: A Magazine Luiza precisava melhorar a satisfação do cliente e a rotatividade de estoque em suas lojas físicas e online.

Solução: Utilizou uma plataforma de CRM integrada e sistemas de análise de dados para personalizar ofertas e campanhas de marketing.

Resultado: A personalização das ofertas aumentou a fidelização dos clientes e a rotatividade de estoque, melhorando a rentabilidade geral.

3. Estudo de Caso: Casas Bahia

Desafio: Casas Bahia enfrentava dificuldades em gerenciar o mix de produtos devido à vasta gama de móveis e eletrodomésticos oferecidos.

Solução: Implementou técnicas de análise ABC e ferramentas de gestão de inventário para priorizar produtos de alto valor e importância.

Resultado: A gestão otimizada do estoque resultou em maior eficiência operacional e melhorou a disponibilidade de produtos populares.

***

O monitoramento e a avaliação contínuos do mix de produtos são essenciais para garantir que a loja de móveis e eletrodomésticos esteja sempre alinhada com as demandas do mercado e os objetivos estratégicos da empresa. Ao utilizar indicadores de desempenho, ferramentas de monitoramento e estratégias de otimização, é possível melhorar a eficiência operacional, aumentar a satisfação do cliente e maximizar a rentabilidade. Nos próximos capítulos, discutiremos como aplicar esses princípios na prática, abordando inovação e adaptação, garantindo que sua loja esteja sempre bem-posicionada para atender às necessidades dos consumidores e maximizar a rentabilidade.

Capítulo 10: Inovação e Adaptação

Inovação no Mix de Produtos

A inovação no mix de produtos é essencial para manter a relevância e a competitividade no mercado de móveis e eletrodomésticos. A introdução de novos produtos, tecnologias e designs pode atrair novos clientes, fidelizar os existentes e aumentar as vendas. Abaixo estão algumas estratégias detalhadas para promover a inovação no mix de produtos:

1. Pesquisa e Desenvolvimento (P&D):

Investimento em P&D: Alocar recursos para a pesquisa e desenvolvimento de novos produtos. Isso pode incluir a criação de um departamento interno de P&D ou a parceria com institutos de pesquisa e universidades.

Prototipagem e Testes: Desenvolver protótipos de novos produtos e realizar testes para avaliar sua viabilidade e aceitação pelo mercado antes do lançamento oficial.

2. Análise de Tendências de Mercado:

Monitoramento de Tendências: Acompanhar as tendências de design, tecnologia e comportamento do consumidor através de pesquisas de mercado, feiras do setor e publicações especializadas.

Adaptação Rápida: Ser ágil na adaptação das tendências identificadas, garantindo que a loja ofereça produtos modernos e desejados pelos consumidores.

3. Parcerias Estratégicas:

Colaboração com Designers e Fabricantes: Estabelecer parcerias com designers renomados e fabricantes inovadores para desenvolver produtos exclusivos e de alta qualidade.

Co-Criação com Clientes: Envolver os clientes no processo de desenvolvimento de novos produtos através de feedback e iniciativas de co-criação.

4. Sustentabilidade e Responsabilidade Social:

Materiais Sustentáveis: Investir em produtos feitos com materiais sustentáveis e processos de produção ecológicos.

Certificações e Selos Verdes: Buscar certificações e selos verdes que atestem a sustentabilidade dos produtos, atraindo consumidores conscientes.

5. Tecnologia e Conectividade:

Smart Home e IoT: Integrar tecnologias de Internet das Coisas (IoT) em eletrodomésticos e móveis para oferecer soluções inteligentes e conectadas.

Automação e Conforto: Desenvolver produtos que aumentem o conforto e a conveniência dos clientes, como móveis ajustáveis eletronicamente e eletrodomésticos automatizados.

Adaptação às Mudanças do Mercado e Tecnologia

A capacidade de adaptação é crucial para sobreviver e prosperar em um mercado em constante mudança. Abaixo estão as estratégias para garantir que a loja se adapte eficientemente às mudanças do mercado e às novas tecnologias:

1. Monitoramento do Ambiente Externo:

Análise PESTEL: Realizar análises PESTEL (Político, Econômico, Social, Tecnológico, Ecológico e Legal) para entender os fatores externos que podem impactar o negócio.

Análise SWOT: Utilizar a análise SWOT (Forças, Fraquezas, Oportunidades e Ameaças) para identificar áreas de melhoria e oportunidades de crescimento.

2. Flexibilidade Operacional:

Estruturas Flexíveis: Implementar estruturas organizacionais flexíveis que permitam ajustes rápidos nas operações e processos.

Treinamento e Desenvolvimento: Investir em programas de treinamento contínuo para os funcionários, garantindo que estejam atualizados com as novas tecnologias e práticas do mercado.

3. Adoção de Novas Tecnologias:

Digitalização: Adotar tecnologias digitais para melhorar a eficiência operacional, como sistemas de gestão de inventário, CRM e automação de marketing.

E-commerce e Omnicanalidade: Expandir a presença online através de plataformas de e-commerce e estratégias omnichannel para oferecer uma experiência de compra integrada e conveniente.

4. Feedback e Ajustes Rápidos:

Coleta de Feedback: Implementar sistemas para coletar feedback dos clientes em tempo real, utilizando ferramentas de CRM e análise de dados.

Iteração e Melhoria Contínua: Adotar uma abordagem ágil de desenvolvimento de produtos e serviços, permitindo ajustes e melhorias contínuas com base no feedback dos clientes.

Casos de Sucesso e Aprendizado Contínuo

A aprendizagem contínua através da análise de casos de sucesso é fundamental para identificar práticas eficazes e evitar erros comuns. Abaixo estão alguns exemplos práticos de empresas que se destacaram pela inovação e adaptação:

1. Caso de Sucesso: Tok&Stok

Inovação no Design: A Tok&Stok é conhecida por suas parcerias com designers renomados e pela constante introdução de novos produtos que seguem as tendências de design.

Adaptação ao E-commerce: Investiu pesadamente em sua plataforma de e-commerce, oferecendo uma experiência de compra integrada e um vasto catálogo online.

2. Caso de Sucesso: Electrolux

Tecnologia e Conectividade: A Electrolux investiu na integração de tecnologias inteligentes em seus eletrodomésticos, como geladeiras conectadas e máquinas de lavar com controle remoto.

Sustentabilidade: Focou em desenvolver produtos com alta eficiência energética e baixos impactos ambientais, atraindo consumidores conscientes.

3. Caso de Sucesso: Mobly

Plataforma Digital: A Mobly é um exemplo de sucesso no e-commerce de móveis, utilizando tecnologia para oferecer uma experiência de compra diferenciada e personalizada.

Logística Eficiente: Implementou um sistema logístico robusto que garante entregas rápidas e eficientes, aumentando a satisfação do cliente.

Planejamento para o Futuro

O planejamento estratégico para o futuro é essencial para garantir que a loja continue a crescer e a se adaptar às mudanças do mercado. Abaixo estão algumas estratégias para o planejamento futuro:

1. Visão e Objetivos de Longo Prazo:

Definição de Visão: Estabelecer uma visão clara e inspiradora para o futuro da loja, que guie todas as decisões estratégicas.

Objetivos SMART: Definir objetivos específicos, mensuráveis, alcançáveis, relevantes e temporais para orientar o crescimento e o desenvolvimento.

2. Análise de Cenários:

Previsão de Cenários: Realizar análises de cenários futuros para identificar possíveis desafios e oportunidades. Isso inclui cenários otimistas, pessimistas e de tendência.

Planos de Contingência: Desenvolver planos de contingência para lidar com eventos imprevistos e minimizar riscos.

3. Inovação Contínua:

Cultura de Inovação: Fomentar uma cultura de inovação dentro da organização, incentivando a criatividade e a experimentação.

Investimento em Tecnologia: Continuar investindo em novas tecnologias que possam melhorar a eficiência operacional e a experiência do cliente.

4. Sustentabilidade e Responsabilidade Social:

Práticas Sustentáveis: Integrar práticas sustentáveis em todas as operações, desde a escolha de fornecedores até a gestão de resíduos.

Responsabilidade Social: Envolver-se em iniciativas de responsabilidade social que beneficiem a comunidade e melhorem a imagem da marca.

5. Expansão e Diversificação:

Novos Mercados: Explorar oportunidades de expansão para novos mercados geográficos e segmentos de clientes.

Diversificação do Portfólio: Diversificar o portfólio de produtos e serviços para atender a uma gama mais ampla de necessidades dos clientes.

***

A inovação e a adaptação são fundamentais para o sucesso contínuo de uma loja de móveis e eletrodomésticos. Implementar estratégias de inovação no mix de produtos, adaptar-se às mudanças do mercado e das tecnologias, aprender com casos de sucesso e planejar para o futuro garantirá que a loja esteja sempre bem-posicionada para atender às necessidades dos consumidores e maximizar a rentabilidade. Ao adotar uma abordagem proativa e estratégica, a loja pode não apenas sobreviver, mas prosperar em um ambiente de negócios dinâmico e competitivo.

Conclusão

Resumo dos Principais Pontos Abordados

Ao longo deste livro, exploramos detalhadamente os diversos aspectos envolvidos na escolha estratégica do mix de produtos em lojas de móveis e eletrodomésticos. Cada capítulo abordou áreas cruciais que, juntas, formam a base para uma gestão eficaz e bem-sucedida de uma loja neste setor competitivo.

Capítulo 1: Fundamentos do Mix de Produtos

Definimos o mix de produtos e seus componentes principais: variedade, profundidade, extensão e consistência.

Destacamos a importância estratégica do mix de produtos para atender às necessidades dos clientes, maximizar a lucratividade e diferenciar a loja da concorrência.

Capítulo 2: Análise do Mercado e Tendências

Discutimos a importância da pesquisa de mercado, métodos de análise de concorrentes e identificação de tendências de consumo.

Abordamos como adaptar rapidamente o mix de produtos às mudanças do mercado para manter a relevância e competitividade.

Capítulo 3: Conhecendo o Consumidor

Enfatizamos a importância da segmentação de mercado e do conhecimento do perfil do consumidor.

Analisamos o comportamento de compra e os fatores influenciadores, além dos métodos para entender as necessidades e preferências dos clientes.

Capítulo 4: Seleção do Mix de Produtos

Detalhamos os critérios para escolha de produtos, análise de rentabilidade e margem de lucro.

Discutimos a importância do equilíbrio entre produtos básicos e diferenciados, além da gestão de estoque e espaço.

Capítulo 5: Fornecedores e Parcerias Estratégicas

Exploramos a identificação e seleção de fornecedores, técnicas de negociação e importância das parcerias estratégicas.

Destacamos a gestão de relacionamento com fornecedores como um fator chave para garantir a qualidade e a consistência do mix de produtos.

Capítulo 6: Estratégias de Precificação

Analisamos diferentes métodos de precificação e estratégias para diversos segmentos de produtos.

Discutimos a análise de competitividade e o impacto da precificação no mix de produtos.

Capítulo 7: Promoção e Marketing do Mix de Produtos

Abordamos estratégias de marketing, campanhas promocionais e sazonais, além da utilização de canais digitais e mídias sociais.

Enfatizamos a fidelização de clientes como um componente essencial para o sucesso a longo prazo.

Capítulo 8: Gestão de Estoque e Logística

Destacamos a importância da gestão de estoque e as técnicas e ferramentas para controle eficiente de estoque.

Discutimos a logística e distribuição eficiente e seu impacto no mix de produtos.

Capítulo 9: Monitoramento e Avaliação do Mix de Produtos

Identificamos os indicadores de desempenho e as ferramentas de monitoramento essenciais.

Exploramos como ajustar e otimizar o mix de produtos com base em análises contínuas, ilustradas com estudos de caso e exemplos práticos.

Capítulo 10: Inovação e Adaptação

Analisamos a importância da inovação no mix de produtos e a adaptação às mudanças do mercado e tecnologias.

Discutimos casos de sucesso e a importância do aprendizado contínuo e do planejamento para o futuro.

Importância de uma Estratégia Bem Definida para o Sucesso do Negócio

Uma estratégia bem definida é crucial para o sucesso de qualquer negócio, especialmente em um mercado dinâmico e competitivo como o de móveis e eletrodomésticos. A definição clara de objetivos, a compreensão profunda do mercado e do consumidor, a gestão eficaz de fornecedores e a implementação de estratégias de precificação e promoção são elementos que, juntos, formam a base para uma operação bem-sucedida.

Visão e Planejamento:

Uma visão clara e um planejamento estratégico bem elaborado permitem que a loja se posicione de forma competitiva, identificando oportunidades de crescimento e mitigando riscos. Isso inclui a análise constante do ambiente externo, a capacidade de adaptação e a inovação contínua.

Eficiência Operacional:

A eficiência operacional, alcançada através de uma gestão eficaz de estoque e logística, garante que a loja possa atender às demandas dos clientes de maneira oportuna e econômica. Isso não só melhora a satisfação do cliente, mas também otimiza os recursos financeiros e operacionais da loja.

Fidelização de Clientes:

A fidelização de clientes é um componente crucial para garantir vendas recorrentes e um crescimento sustentável. Isso é alcançado através de um mix de produtos bem equilibrado, estratégias de marketing eficazes e um atendimento ao cliente de alta qualidade.

Incentivo à Aplicação Prática dos Conceitos Apresentados

A teoria apresentada ao longo deste livro fornece uma base sólida, mas o verdadeiro valor está na aplicação prática desses conceitos. Incentivamos todos os gestores e empreendedores a:

1. Implementar as Estratégias:

Colocar em prática as estratégias discutidas, adaptando-as às necessidades específicas de sua loja e mercado. Isso pode incluir a realização de análises regulares de mercado, ajustes no mix de produtos, implementação de novas tecnologias e desenvolvimento de campanhas de marketing direcionadas.

2. Monitorar e Ajustar Continuamente:

Acompanhar os indicadores de desempenho e fazer ajustes contínuos com base nos dados coletados. A flexibilidade e a capacidade de adaptação são essenciais para responder às mudanças do mercado e às novas demandas dos consumidores.

3. Inovar e Aprender:

Fomentar uma cultura de inovação e aprendizado contínuo dentro da organização. Encorajar a equipe a propor novas ideias, experimentar novas abordagens e aprender com os sucessos e fracassos.

4. Focar no Cliente:

Manter o cliente no centro de todas as decisões. Entender suas necessidades, ouvir seu feedback e buscar constantemente maneiras de melhorar a experiência de compra.

***

A gestão eficaz de uma loja de móveis e eletrodomésticos requer uma abordagem integrada e estratégica. Esperamos que este livro forneça as ferramentas e os insights necessários para ajudar você a alcançar o sucesso. Aplique os conceitos apresentados, adapte-se às mudanças e continue inovando para manter sua loja competitiva e próspera no mercado. Boa sorte e muito sucesso!

Estudos de Caso Adicionais

1. Estudo de Caso: Leroy Merlin

Desafio: A Leroy Merlin enfrentava o desafio de gerir um amplo portfólio de produtos e melhorar a eficiência de sua cadeia de suprimentos.

Solução: Implementou um sistema de gestão de estoque automatizado e técnicas de Just-in-Time (JIT) para minimizar os níveis de estoque e reduzir custos.

Resultado: A eficiência operacional foi significativamente melhorada, resultando em menores custos de armazenamento e maior disponibilidade de produtos. A empresa também conseguiu uma melhor satisfação do cliente devido à redução dos tempos de entrega.

2. Estudo de Caso: Westwing

Desafio: A Westwing, uma loja de móveis e decoração online, precisava se destacar em um mercado competitivo e aumentar sua base de clientes.

Solução: Utilizou uma estratégia de marketing de conteúdo robusta, incluindo um blog de decoração e dicas de design, além de campanhas de email marketing personalizadas.

Resultado: A Westwing conseguiu aumentar significativamente o tráfego em seu site e a taxa de conversão, resultando em um crescimento substancial nas vendas e na base de clientes.

3. Estudo de Caso: Etna

Desafio: A Etna, uma rede de lojas de móveis e decoração, buscava melhorar a experiência de compra do cliente e aumentar a eficiência logística.

Solução: Reestruturou o layout de suas lojas para facilitar a navegação dos clientes e implementou um sistema de gestão de estoque que otimiza a reposição de produtos com base na demanda real.

Resultado: A experiência do cliente foi significativamente melhorada, resultando em um aumento na satisfação e nas vendas. A eficiência logística também foi aprimorada, reduzindo os custos operacionais.

4. Estudo de Caso: Fast Shop

Desafio: Fast Shop enfrentava desafios na gestão de relacionamento com clientes e na personalização de ofertas.

Solução: Implementou um sistema de CRM robusto para coletar e analisar dados dos clientes, permitindo a personalização de campanhas de marketing e ofertas baseadas no comportamento de compra.

Resultado: A personalização aumentou significativamente a satisfação do cliente e a taxa de conversão, resultando em um crescimento nas vendas e na lealdade dos clientes.

5. Estudo de Caso: IKEA

Desafio: A IKEA precisava melhorar a gestão de seu vasto portfólio de produtos e adaptar-se rapidamente às mudanças nas preferências dos consumidores.

Solução: Utilizou uma combinação de técnicas de gestão de estoque avançadas, como o EOQ (Economic Order Quantity) e análises ABC, além de investir em pesquisa de mercado contínua para identificar tendências emergentes.

Resultado: A gestão eficiente do estoque e a rápida adaptação às tendências de mercado permitiram à IKEA manter uma posição de liderança no setor, com alta rotatividade de produtos e satisfação do cliente.

***

Esses estudos de caso adicionais ilustram como diferentes empresas no setor de móveis e eletrodomésticos implementaram estratégias eficazes para enfrentar desafios específicos, melhorar a eficiência operacional e aumentar a satisfação do cliente. Cada exemplo oferece lições valiosas que podem ser aplicadas para otimizar o mix de produtos, inovar e adaptar-se às mudanças do mercado.

Mensagem Final ao Leitor

Caro leitor,

Chegamos ao fim deste livro, e esperamos que a jornada de aprendizado tenha sido enriquecedora e inspiradora. A gestão de uma loja de móveis e eletrodomésticos é uma tarefa complexa que exige não apenas um profundo entendimento do mercado e dos consumidores, mas também uma estratégia bem delineada e a capacidade de inovar e se adaptar constantemente.

Ao longo dos capítulos, abordamos os fundamentos essenciais, desde a definição e importância do mix de produtos até as nuances da precificação, promoção, gestão de estoque e logística. Discutimos a importância de conhecer profundamente seu público-alvo, estabelecer parcerias estratégicas com fornecedores, monitorar e avaliar continuamente o desempenho do mix de produtos e, crucialmente, manter uma mentalidade voltada para a inovação e a adaptação às mudanças do mercado e da tecnologia.

Agora, a aplicação prática desses conceitos está em suas mãos. Incentivamos você a implementar as estratégias discutidas, adaptá-las às suas necessidades específicas e continuar monitorando e ajustando suas abordagens conforme necessário. Lembre-se de que o sucesso não é um destino, mas uma jornada contínua de aprendizado, adaptação e crescimento.

Manter o cliente no centro de todas as decisões é a chave para construir uma base de clientes leais e satisfeitos. Escute seus clientes, responda às suas necessidades e esteja sempre em busca de maneiras de melhorar a experiência de compra. O feedback dos clientes é uma fonte inestimável de informações que podem guiar suas decisões estratégicas e operacionais.

A inovação deve ser uma constante em seu negócio. Busque novas ideias, tecnologias e abordagens que possam diferenciar sua loja no mercado. Incentive sua equipe a ser criativa e a propor melhorias contínuas. Lembre-se de que a inovação não se trata apenas de grandes mudanças, mas também de pequenas melhorias que, juntas, podem ter um impacto significativo.

Por fim, gostaríamos de agradecer por nos permitir ser parte de sua jornada. Esperamos que este livro tenha fornecido as ferramentas e os insights necessários para ajudá-lo a alcançar o sucesso em seu negócio. Continue aprendendo, adaptando-se e inovando, e estamos confiantes de que você verá resultados positivos.

Desejamos a você muito sucesso e prosperidade em sua empreitada. Que suas escolhas estratégicas levem sua loja a novos patamares de excelência e satisfação do cliente.

Com os melhores cumprimentos,

Marco Túlio Freire

14/07/2024

Recursos e Leituras Recomendadas

1. "Gestão de Estoques na Cadeia de Suprimentos" - R. H. Ballou Este livro é essencial para entender os conceitos básicos e avançados da gestão de estoques e logística. Aborda técnicas de controle de estoque, planejamento e otimização de recursos.

2. "Marketing para Móveis e Eletrodomésticos" - John Fahy e David Jobber Uma leitura valiosa para compreender estratégias de marketing específicas para o setor de móveis e eletrodomésticos. Oferece insights sobre comportamento do consumidor, branding e promoção de produtos.

3. "Retail Management: A Strategic Approach" - Barry Berman e Joel R. Evans Este livro fornece uma visão abrangente da gestão de varejo, abordando desde o planejamento estratégico até a implementação de operações eficientes. Inclui estudos de caso práticos e exemplos do setor de móveis e eletrodomésticos.

4. "Competing on Analytics: The New Science of Winning" - Thomas H. Davenport e Jeanne G. Harris Explora como o uso de análises e dados pode transformar a tomada de decisões em negócios. Uma leitura essencial para entender a importância do monitoramento de desempenho e ajuste do mix de produtos.

5. "Inovação e Empreendedorismo" - Peter F. Drucker Este livro clássico aborda a importância da inovação contínua e como as empresas podem se adaptar às mudanças do mercado. Oferece uma base sólida para implementar práticas inovadoras no mix de produtos.

6. Sites e Plataformas de Pesquisa de Mercado:

Statista: Oferece dados estatísticos detalhados e análises sobre tendências de mercado e comportamento do consumidor.

Euromonitor International: Fornece relatórios abrangentes sobre o mercado global de móveis e eletrodomésticos.

IBGE: O Instituto Brasileiro de Geografia e Estatística disponibiliza dados demográficos e econômicos relevantes para a análise de mercado.

Referências

A seção de referências inclui todas as fontes consultadas para a elaboração deste livro, oferecendo um guia detalhado para leituras adicionais e aprofundamento nos temas abordados.

1. Ballou, R. H. "Gestão de Estoques na Cadeia de Suprimentos".

2. Fahy, John e Jobber, David. "Marketing para Móveis e Eletrodomésticos".

3. Berman, Barry e Evans, Joel R. "Retail Management: A Strategic Approach".

4. Davenport, Thomas H. e Harris, Jeanne G. "Competing on Analytics: The New Science of Winning".

5. Drucker, Peter F. "Inovação e Empreendedorismo".

Livros e Artigos Consultados

1. Kotler, Philip. "Administração de Marketing".

Este livro é uma referência fundamental para entender os conceitos e práticas de marketing aplicáveis a qualquer setor, incluindo móveis e eletrodomésticos.

2. Porter, Michael E. "Competitive Strategy: Techniques for Analyzing Industries and Competitors".

Aborda estratégias competitivas e análise de mercado, essenciais para a definição de um mix de produtos eficaz.

3. Shapiro, Carl. "Information Rules: A Strategic Guide to the Network Economy".

Explora como as regras da economia da informação podem ser aplicadas à gestão de negócios e estratégias de mercado.

4. Anderson, Chris. "The Long Tail: Why the Future of Business is Selling Less of More".

Discute como as empresas podem lucrar vendendo uma ampla variedade de produtos em pequenas quantidades, relevante para a diversificação do mix de produtos.

Fontes de Pesquisa de Mercado

1. Statista:

Oferece uma ampla gama de dados estatísticos e análises sobre o mercado global de móveis e eletrodomésticos. Statista

2. Euromonitor International:

Proporciona relatórios detalhados e insights sobre as tendências de mercado e comportamento do consumidor. Euromonitor International

3. IBGE:

O Instituto Brasileiro de Geografia e Estatística fornece dados demográficos e econômicos essenciais para análise de mercado. IBGE

4. Nielsen:

Conhecida por suas análises de mercado e comportamento do consumidor, oferece relatórios valiosos para o setor de varejo. Nielsen

5. Associação Brasileira de Comércio Eletrônico (ABComm):

Fornece relatórios e dados sobre o mercado de e-commerce no Brasil, incluindo móveis e eletrodomésticos. ABComm

Referências Adicionais Relevantes

1. Harvard Business Review:

Artigos e estudos de caso sobre inovação, gestão de estoque e estratégias de marketing. Harvard Business Review

2. McKinsey & Company:

Relatórios e artigos sobre tendências de mercado, estratégias de varejo e análise competitiva. McKinsey & Company

3. Forbes:

Publicações sobre as melhores práticas de negócios, inovação e gestão de empresas. Forbes

4. TechCrunch:

Artigos sobre as últimas tendências tecnológicas que podem impactar o setor de móveis e eletrodomésticos. TechCrunch

5. MIT Sloan Management Review:

Pesquisas e insights sobre gestão de inovação e práticas empresariais eficazes. MIT Sloan Management Review

***

Esses recursos e leituras recomendadas fornecem uma base sólida para aprofundar o conhecimento sobre a gestão de mix de produtos, inovação, adaptação ao mercado e outras áreas críticas para o sucesso de uma loja de móveis e eletrodomésticos. As referências e fontes de pesquisa de mercado adicionais oferecem dados valiosos e insights práticos para apoiar a implementação das estratégias discutidas neste livro.

www.ingramcontent.com/pod-product-compliance
Lightning Source LLC
Chambersburg PA
CBHW071949210526
45479CB00003B/863